プロのための製菓技法

# 生地 増補改訂版

# *Pâte*

誠文堂新光社

## 自由が丘

# pâtisserie Paris S'éveille
### パティスリー パリ・セヴェイユ

〒 152-0035 東京都目黒区自由が丘 2-14-5 館山ビル 1F　Tel 03-5731-3230
営業時間 10:30 ～ 19:30　定休日 不定　アクセス 東急東横線自由が丘駅から徒歩 3 分

## でき上がりをイメージし、作業する。

### 金子美明
Yoshiaki KANEKO

　菓子において生地とはなんだろう。見る角度によってその答えは変わってくるが、要は、菓子を菓子としてまとめてくれるものではないだろうか。

　パティシエの仕事においては、生地を作ることは基本である。粉を使う場合がほとんどなので、グルテンの出し方に注意する必要がある。しっかり出したいのか、適度に押さえたいのか、生地を作りながら見極める必要がある。そして意外に思われるかもしれないが、乳化を大事にすることも肝要である。乳化という

とショコラに関することと思いがちだが、それだけではない。生地づくりにおいても、乳化の見極めが必要な場面は多い。

　そして、一番大事なことは、でき上がりがイメージできているかどうかである。これは、何も生地に限ったことではない。菓子づくりのどの作業をとってもいえることである。漫然とではなく、どういう菓子を作るのか、作業はそのためのものに過ぎない。そうすることでひとつひとつの作業に意味があることが、分かるのだ。

　僕が作るのは、フランス"風"の菓子ではなく、フランス菓子。そのため、いつも自問していることがある。それは"外国人の自分がフランス菓子を作る"ということ。時代時代で新しい菓子は生まれる。その中で人々の心に残るものが受け継がれ、いつしかそれは文化に変わる。フランス菓子を作ることは、外国の文化を引き受けていることでもある。だから、自分の中で、これはフランス菓子だろうか、といつも自問しながら菓子を作っている。

自由が丘駅徒歩3分という好立地に、充実したイートインスペースを持つ「パティスリー パリ・セヴェイユ」。味はもちろん、見た目にも美しい菓子・パン、ゆったりとしたイートインスペースに、シェフこだわりのアンティークの棚や型が並べられた店内。至るところにシェフのセンスのよさが感じられる空間である。

高幡不動

# PATISSERIE DU CHEF FUJIU

パティスリー ドゥ シェフ フジウ

〒191-0031 東京都日野市高幡 17-8　Tel 042-591-0121
営業時間 9:00 ～ 19:00　定休日 なし　アクセス 京王線高幡不動駅から徒歩 2 分　http://chef-fujiu.com

## 守る部分、
## 取り入れる部分。
## それぞれの良さを生かす。

### 藤生義治
Yoshiharu FUJIU

　どんな菓子を作るにしろ、そこには何かしらの生地を使う。生地の種類はいろいろあるが、いずれも共通項の多いシンプルな素材を用い、プロセスを違えて成立している。つまりは、昔から脈々と受け継がれてきたものだ。どの菓子をとっても、すべて古典のベースとなっている生地から派生したものなのである。

　やや大仰なことを述べたが、50年以上長くやってきた今だからこそ、改めてフランス菓子の基本に忠実でありたいと思っている。実は若い頃、ある程度技術を積んだ30代のとき

に、ルセットを自分流にアレンジしたこともあった。しかし、それは若さゆえの奢りであったと思う。いま、日々菓子を作るなかで痛感するのは、現在も作られている菓子は、長いフランス菓子の歴史の中で淘汰されず残ってきたものであること。それに気づいてからは、改めて菓子に敬意を払うようになった。

　ただし、何が何でも古いことがいいわけではない。素材においては、新しく扱いやすいものがどんどん出ている。品質や流通が安定していれば申し分ない。使わない手はないだ

ろう。また、作業においても、それまで手の感覚でやってきたシロップの糖度などは、もちろん微妙な部分においては経験値からくる感覚に頼るのがよかったりもするが、糖時計や温度計を使う方が、誰がやっても安定して作業できるメリットがある。よい部分は取り入れ、守るべきは守る、この見極めをし、いいものを作ることが菓子屋の仕事だと思う。

高幡不動駅から高幡不動尊に向かう参道近くに、「パティスリー ドゥ シェフ フジウ」はある。生菓子、焼き菓子、コンフィズリーなど、さまざまな種類の菓子がならぶ店内は見ているだけでもうきうきしてしまうほど。店内奥にあるイートインスペースには、小腹が空いたときに食すことができるメニューもあるのがうれしい。

# Les entremets de kunitachi
## レ・アントルメ国立

国立

〒186-0002 東京都国立市東 2-25-50　Tel 042-574-0205
営業時間 10:00 ～ 19:00　定休日 水曜　アクセス JR 線国立駅から徒歩 12 分　http://les-entremets.com

生地は骨組みのようなもの。
そこをしっかりした上で、
味を創り上げる。

鮎澤信次
Shinji EBISAWA

　生地は、菓子を構成する上での骨組みである。そこにフィリングやクリーム、トッピングという筋肉であり皮をのせて、初めて形になる。形にするためには、基盤がしっかりしていないことには、ほかがどんなに素晴らしくても、うまくいかない。

　僕が考えるよい菓子屋の条件のひとつは、すべての生地の菓子をおいていることである。生地の種類はいろいろあり、さらにそれぞれのバリエーションを数えるとものすごい数になる。得手不得手もあるので、そ

れだけのものをちゃんと作るのは本当に大変なことである。

　さまざまな種類の生地をきちんと作るには、基本に忠実であることが大事だが、同時に微調整を加える必要がある。菓子は生き物である。天候などの諸条件が関与してくるので、その日その時の様子をみながら、調整をかける。なぜなら商品である以上、安定したものを提供する必要があるからだ。

　僕の店でおいている菓子は、基本的にフランスで長く愛されてい

る、素朴でしみじみした味わいがあるものだ。そして、季節感を出すことを大切にしている。そのためにときに儲からないこともする。たとえばチェリー。僕の店では、甘さと酸味のバランスがよい佐藤錦を使っている。値は張るが、ほかのものでは代替がきかないのだ。でも、これは季節ならではの楽しみでもある。お客さまも、そして自分たちもわくわくするような菓子をこれからも作っていければ、と願っている。

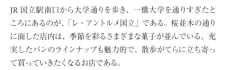

JR国立駅南口から大学通りを歩き、一橋大学を通りすぎたところにあるのが、「レ・アントルメ国立」である。桜並木の通りに面した店内は、季節を彩るさまざまな菓子が並んでいる。充実したパンのラインナップも魅力的で、散歩がてらに立ち寄って買っていきたくなるお店である。

保谷

# Pâtisserie ARCACHON
## パティスリー アルカション

〒178-0064 東京都練馬区南大泉 5-34-4　Tel 03-5935-6180
営業時間 10:30 〜 19:00　定休日 月曜・不定　アクセス 西武池袋線保谷駅から徒歩 3 分　https://arcachon.co.jp

やぼったくても、
素直に美味しいと思える
味を目指す。

森本 慎
Shin MORIMOTO

　日本にフランス菓子店は数あれどフランスの、しかも田舎にあるパティスリーを目指しているというのは、ちょっと変わり種かもしれない。フランス、特に都市部では、新しく斬新なスタイルのものが生まれている。それはそれでおもしろいと感じるが、僕自身はエクレアやミルフイユなど、昔から親しまれ続けている菓子に魅力を感じる。地方に受け継がれている菓子もそうだ。やぼったいところがあるのは否めないが、そこにはいつ食べても素直においしいと思える味わいがある。

　現在、作る立場となって思うのは、菓子作りは生地が命だということ。生地は土台であるが、それだけではない。これなくして菓子は成立しないので、生地＝菓子でもあると僕は捉えている。そのためには、当たり前といえば当たり前だが、配合や工程など基本を守り真摯に仕事をする、これに尽きると思う。

　ただ、僕はこうも考えている。確かに古くからいまに残っているものは魅力的である。しかし、それらの菓子も登場した当時は新しいものとして人々の目に映ったことは間違いないだろう。生地も同じではあるまいか。本書で取り上げている生地は、現在のフランス菓子の基礎となるものであるが、これから先、新しいタイプの生地が出てきてもおかしくはないと思うのだ。それが本当に優れたものであれば、愛され、作られ続け、未来の定番となる可能性を持っていると思うのである。今後の菓子屋人生の中で、そういうものに出合えたら、さぞ楽しいであろう。

西武池袋線保谷駅から徒歩3分、住宅地に現れるフランス風の建物が「アルカション」だ。生菓子や焼き菓子をはじめ、チョコレート、ジャム、パンまで幅広い商品ラインナップを揃える。イートインスペースではランチにサンドイッチやキッシュなどを提供。フランスの地域で食べられ続けた伝統菓子を継承することも心がけ、デュネットやカスレは、ボルドーに伝授されたレシピに忠実に作っている。

# Ryoura
リョウラ

〒158-0097 東京都世田谷区用賀 4-29-5 グリーンヒルズ用賀 ST 1F　Tel 03-6447-9406
営業時間 11:00 〜 18:00　定休日 不定　アクセス 東急田園都市線用賀駅から徒歩 5 分　https://www.ryoura.com

味を想像しやすいのが生地。
本質を見極めた上で、
自分の菓子を展開していく

菅又亮輔
Ryosuke SUGAMATA

　菓子の世界は進化を続けている。見た目にもインパクトのある、アート作品のような菓子も少なくない。

　だからといってやみくもに新しいものが登場するわけではない。菓子の根底にあるのは生地。種類に分けると 10 程度だが、これなしに菓子は成立しない。焼き菓子であればその生地が前面に、プチガトーであれば土台に、と作るものや合わせる材料によって、主役にも脇役にもなる万能選手、それが生地である。

　一見どんな菓子かわからないものも、「こんな生地を使った、こういうお菓子です」と言うとお客様はすんなりと理解してくれる。そう、一般の方にとっても生地は味の連想がしやすいのだ。なので、菓子を作るときは合わせる食材や自分らしさを考えると同時に、味のイメージがぶれないように気をつけている。

　生地を作るにはパティシエの技術が必要不可欠だ。店舗では大勢のスタッフが製造にあたるので、生地を作るときの途中途中の状態を、温度でチェックするようにしている。

重要な目安ではあるが、確信が持てるようになるには、経験値が物をいう。何度も何度も作り続けているうちに、これ！という見極めができるようになり、そうしたらしめたものだ。

　本質を捉えたらあとは応用力である。どんな生地を使って、どんな菓子に展開するか、自分なりの答を出していく。若いスタッフに相談して、時代感を取り入れることもある。長い歴史に裏づけされ、自分で培った生地作りを忠実に守っていれば、アレンジは自在にできる。

東急田園都市線用賀駅から北上すること徒歩5分に「リョウラ」は位置する。建物の外観と同様、内装も爽やかな水色で統一されている。古い調度品や小物を配した店内は、ショーケースには色とりどりのマカロンやプチガトー、三方の棚やテーブルには焼き菓子やコンフィチュール、ギフト類が種類豊富に並ぶ。旬の果物を積極的に取り入れ、菓子を通じて季節が感じられる。

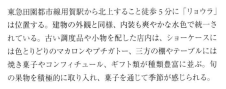

# 目次
*Table des matiéres*

## 014　Partie 1
### Pâte Brisée ／ Pâte à Foncer
パート・ブリゼ／パータ・フォンセ

## 038　Partie 2
### Pâte Sucrée
パート・シュクレ

## 064　Partie 3
### Pâte Feuilletée
パート・フイユテ

## 092　Partie 4
### Pâte à Génoise
パータ・ジェノワーズ

## 120　Partie 5
### Pâte à Biscuits
パータ・ビスキュイ

※本書は、2010年に誠文堂新光社より刊行した『プロのための製菓技法 生地』に菅又亮輔氏を加え、レシピ数とともに48ページ増やして増補改訂したものです。菅又氏以外の4人のパティシエのページにおきましては、レシピを含め基本的に2010年の情報になります。

# Partie
# 1

# Pâte Brisée／Pâte à Foncer
パート・ブリゼ／パータ・フォンセ

タルトなどの底生地のことをパート・ブリゼと呼ぶ。
"ブリゼ"とは、"砕けた""壊れた"の意。
その名の通り、歯に当たるとかたさがありながら、
口に入れるともろく、さくさくと壊れていくのが特徴。
このような食感にするためには、バターを粉のなかに
できるだけ細かく分散させる必要がある。
そうすることで、バターの粒子が小麦粉と水分のつなぎを悪くして
グルテンの形成を押さえ、結果、さくさく感を出すことができる。
通常、店舗では機械を使うが、手で作業する場合は、
粉とバターを手ですり混ぜるサブラージュという方法を用いる。
甘みがなく、砂糖は入れたり入れなかったりする。
入れても少量である。底に敷くことから、
別名、パータ・フォンセとも言う。

# Tarte Pays d'Auge

タルト・ペイ・ドージュ

金子美明

§

パート・ブリゼは手軽なパイ生地である。

そして、タルトに適しているのが、このパート・ブリゼである。

パート・ブリゼを使って作ったのがタルト・ペイ・ドージュ。

ペイ・ドージュは、フランスのリンゴの産地で、その地をイメージし、

リンゴを丸ごと使用した。

パート・ブリゼを作るときに気をつけるべきは、

材料をよく冷やしておくこと。そして、バターと粉を練り過ぎないことである。

焼くときは、粉気を飛ばしつつ、焼き過ぎないように注意する。

バターの風味がなくなってしまうからだ。

食感同様、風味も大事に仕上げたい。

## 材料 （直径 15cm × 5cm の円型 1 台分）

[パート・ブリゼ]

| | |
|---|---|
| 薄力粉 | 125g |
| 発酵バター | 94g |
| グラニュー糖 | 2.5g |
| 塩 | 3.5g |
| 卵黄 | 5g |
| 水 | 25g |
| モルト | 2.5g |
| 打ち粉 | 適量 |

[ガルニチュール]

| | |
|---|---|
| リンゴ（紅玉） | 4 個 |
| 無塩バター | 75g |
| グラニュー糖 | 225g |
| カルヴァドス | 250g |

[アパレイユ・クラフティ]

| | |
|---|---|
| 全卵 | 135g |
| グラニュー糖 | 22.5g |
| 生クリーム（35%） | 180g |
| 牛乳 | 45g |
| カルヴァドス | 12g |

## 作り方

[パート・ブリゼ]

1 冷やしておいた薄力粉、賽の目に切ったバターをミキサーで回し、そぼろ状にする(a)。

a

2 グラニュー糖、塩、卵黄、水、少し温めたモルトを混ぜ合わせる(b)。

b

3 1に2を細い糸をたらすようにしながら少しずつ加える。
※途中、ミキサーを外し、周りについた生地をおとす

c

4 生地がまとまったら(c)、ミキサーから外し、2cm 程度の厚さにし、冷蔵庫で一晩休ませる(d)。

d

5 打ち粉をふり、パイシーターで 2mm にのばす(e)。
※2mm になったら、もう一度パイシーターにかける

e

6 冷蔵庫で 2 時間休ませる。

7 直径 26cm 程度の円型に切る(f)。
※寒い部屋で型とりをするのが望ましい

f

8 打ち粉をふった作業台で、ふちをひっかけながら、生地を型に敷き入れる(g)。
※生地のよったところをのばしたり詰めたりしながら入れていく

g

9 型のふちからはみだした生地をカットし、天板にのせ(h)、冷蔵庫で休ませる。

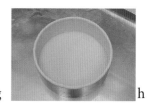
h

10 紙をのせ、重しを入れて 180℃のコンベクションオーブンで 20 分空焼きする(j)。

i

j

［ガルニチュール］

1 リンゴは芯をくり抜き(k)、皮を剥く。

2 鍋にバター、グラニュー糖、カルヴァドスを入れ火にかける(l)。

3 沸騰してきたらアクをとり（m）、リンゴを入れる(n)。

4 15分ぐらいしたら、ひっくり返して（o）さらに15分、横にして5分、逆さにして5分火にかける。
　※ときどき煮汁を上からかける

5 火をとめ、1日おく(p)。

［アパレイユ・クラフティ］

1 全卵をほぐす(q)。
　※泡立てないこと

2 グラニュー糖を加える(r)。

3 生クリームに牛乳を加え、4回に分けて2に加える(s)。

4 カルヴァドスを加え、シノワで漉す(t)。

［組み立て］

1 空焼きしたタルト生地に、キッチンタオルなどで煮汁を拭きとったガルニチュールのリンゴを入れる(u)。

2 型の1/3程度までアパレイユ・クラフティを入れ（v）、160℃のオーブンに5分入れ、底を焼きかためる。

3 2にアパレイユ・クラフティをふちいっぱいまで入れる(w)。
　※くり抜いたリンゴの芯の部分にも入れること

4 160℃のオーブンで50分〜1時間焼成する（x）。

5 冷めたら型から外す。

# Lauriston

ローリストン
藤生義治

§

古典菓子の中でも比較的新しい部類に属す菓子。
見た目からもわかるように、素朴なところがある、
パート・ブリゼを使ったオーソドックスな菓子である。
材料も特別なものは使っていない。
パート・ブリゼにドライフルーツ類をおき、
タンプルタンのアパレイユを入れて焼き上げる。
タンプルタンが入るためか、比較的軽くさっくりしている。
パート・ブリゼの持ち味は、ほろほろした食感だと思っているので、
この菓子のアパレイユはよく合う。
パート・ブリゼは水分を吸うとこの特徴が失われるので、何を作るかによって、
折りを多くするなど工夫している。

## 材料 <small>（直径 15cm のタルト型 3 台分）</small>

［パータ・フォンセ］

| | |
|---|---|
| 薄力粉 | 250g |
| 強力粉 | 250g |
| 無塩バター | 375g |
| 塩 | 12.5g |
| 卵黄 | 50g |
| 水 | 150g |

| | |
|---|---|
| 打ち粉 | 適量 |

［アパレイユ］

| | |
|---|---|
| タンプルタン | 250g |
| グラニュー糖 | 35g |
| 全卵 | 220g |
| ヴァニラオイル | 5 滴 |
| ラム酒 | 38g |

| | |
|---|---|
| アンゼリカ | 10g |
| クランベリー | 10g |
| サワーチェリー | 10g |
| ドライ・ブルーベリー | 10g |

アプリコットのコンフィチュール…適量

［グラス］

| | |
|---|---|
| 粉糖 | 100g |
| キルシュ | 20g |
| シロップ | 20g |

※シロップは水：グラニュー糖を
　1：1 の割合で作ったもの

## 作り方

［パータ・フォンセ］

**1** 冷やしておいた薄力粉、強力粉、バターをフードプロセッサーで回し、そぼろ状にする（a）。

**2** 水と塩を合わせ、卵黄を加える。

**3** **1** と **2** をミキサーで回し、細かくまとまってきたら、ボウルに移してこねる（b）。

**4** ビニール袋に入れ、めん棒でのばし（c）、冷蔵庫で一晩休ませる。

**5** 打ち粉をふり、パイシーターで生地をのばす（d）。
　※パイシーターは、2 往復させたあと、裏返し、打ち粉をふって 1 往復させる

**6** 両端を内側に折り（e）、さらに半分にして（f）、四つ折りにする。

**7** めん棒でのばし（g）、パイシーターにかけて 1.75mm の厚さにして、ピケする（h）。

**8** 直径 16cm の円型に抜いて（i）、180℃のオーブンで 20 〜 22 分焼成する（j）。

## ［アパレイユ］

**1** タンプルタン、グラニュー糖、全卵を合わせ（k）、泡立てる。

**2** 白っぽくなりもったりするまで立ったら、ヴァニラオイルとラム酒を3回に分けて加える（l）。

## ［グラス］

**1** 材料をすべてよく混ぜ合わせる。

## ［組み立て］

**1** 型に紙を敷き（m）、焼き上がったパータ・フォンセにアプリコットのコンフィチュール 40g を塗って（n）、底におく（o）。

**2** アンゼリカ、クランベリー、サワーチェリー、ドライ・ブルーベリーを真ん中におき（p）、アパレイユ 165g を入れる（q）。

※最初からフルーツ類を広げるとアパレイユを流したときに型の端に寄ってしまうので、フルーツ類は真ん中にまとめておく

**3** 180℃のオーブンで 35 〜 40 分焼成する。

**4** 焼き上がったら紙を外し（r）、逆さにしてベーキングシートにおく（s）。

**5** 型から外したら、上から少しおさえる（t）。

**6** 表面にアプリコットのコンフィチュールを塗り（u）、さらにグラスを塗る（v）。

**7** 200℃のオーブンで2分間乾かす（w）。

※グリルの下に落ちたグラスが破裂するぐらいが乾いた目安

# Poire Bourdaloue

ポワール・ボーダルー

鮟澤信次

§

パート・ブリゼは、さくさくした食感が身上。
製作するときのポイントは、バター、粉、水分の合わせ方につきる。
最初にバターを粉類と合わせるが、このとき粗めに合わせること。
きっちり合わせると独特のもろい食感が作れない。
こういう食感の生地には、水分を含むしっとりとしたものがよく合う。
そういう意味でも、洋ナシはベストな食材のひとつである。
洋ナシを薄く切らず、あえて半割のままのせる。
このぽてっとした風合いが素朴で気に入っている。
このパート・ブリゼにクレーム・ダマンドを敷き、
洋ナシをのせたタルトは、フランスでは菓子屋だけでなく
パン屋やカフェでも扱っている一般的なものである。

## 材料 （直径 16cm のタルトリング 6 台分）

［パータ・フォンセ］

| | |
|---|---|
| 薄力粉 | 500g |
| 無塩バター | 380g |
| 牛乳 | 100g |
| 卵黄 | 20g |
| グラニュー糖 | 30g |
| 塩 | 15g |

打ち粉 ─── 適量

［クレーム・ダマンド］

| | |
|---|---|
| 無塩バター | 280g |
| アーモンドプードル | 280g |
| 粉糖 | 280g |
| 全卵 | 280g |
| 薄力粉 | 28g |
| ラム酒 | 24g |

［ナパージュ］

アプリコットのコンフィチュール
─── 適量

水 ─── 適量

洋ナシのシロップ漬け（半割）─── 30〜36 個
カラメル ─── 適量
粉糖 ─── 適量

## 作り方

［パータ・フォンセ］

**1** 冷やしておいた薄力粉、塩、グラニュー糖、バターを手でこするようにし、そぼろ状にする（a）。

**2** 卵黄、牛乳を加え、さっくりと混ぜ合わせる（b）。
※しっかり合わせるとさっくりとした生地にならない

**3** ラップでくるみ冷蔵庫で 2 時間休ませる（c）。打ち粉をふり、パイシーターで生地を 2.5 〜 3mm の厚さにのばし、ピケする（d）。

a

b

c

d

［クレーム・ダマンド］

**1** 常温に戻しておいたバターをミキサーで回し、ポマート状にする（e）。

**2** アーモンドプードルと粉糖を合わせてタンプルタンを作り（f）、全卵と交互に 3 回ずつに分けて加える（g）。
※卵を立てると浮きやすいクリームになるので注意

**3** 薄力粉を加え、ラム酒を加える（h）。
※途中、ミキサーを外し、周りについたクリームをおとす

e

f

g

h

［ナパージュ］

**1** アプリコットのコンフィチュールに水を加え、沸騰させて裏ごしする（i）。

i

［組み立て］

**1** タルトリングにパータ・フォンセをおき（j）、たっぷり気味につまみ、余分な生地を取り除く（k）。

※指でつまみあげ、指で押さえながら、わざとだぶつかせる（l）

**2** ミキサーで滑らかにしたクレーム・ダマンド（m）170gを1に入れ、表面を平らにならす（n）。

※空気が入ってしまうと穴があくため、叩いて余分な空気を出す

**3** シロップを切った洋ナシのシロップ漬け5〜6個を、断面を下にしておく（o）。

**4** 上火170℃、下火180℃のオーブンで45分〜1時間程焼成する（p）。

**5** ナパージュを焼き上がったタルトの上面に塗る（q）。

※表面にハケのあとが残らないように、コンフィチュールは熱いうちに塗る

※洋ナシのくぼんだ部分に塗り過ぎると、甘くなり過ぎるので注意

**6** タルトのふちに粉糖をふる（r）。

**7** カラメルを洋ナシの上におく（s）。

j

k

l

m

n

o

p

q

r

s

# Flan Nature

フラン・ナチュール

森本 慎

§

ベーシックでクラシック、

フランスのおふくろの味のような趣の菓子。

僕は、当たり前のものを当たり前のものとして出したいと思っており、

その代表のような菓子がフラン・ナチュールである。

つるんとした食感のアパレイユに、ほろほろとした生地がよく合う。

そのために必要なことは、工程の中でバターを溶かさないこと。

よく冷えたバターを使い、混ぜはするが練らないように心がける。

パート・ブリゼは、これらのタルトをはじめ、

モンブラン、キッシュなどの土台に使っている。

## 材料 （直径 15cm × 5cm の円型 1 台分）

［パート・ブリゼ］

| | |
|---|---|
| 薄力粉 | 1000g |
| グラニュー糖 | 15g |
| 塩 | 20g |
| 無塩バター | 750g |
| 牛乳 | 200g |
| 卵黄 | 2 個分 |

※分量は作りやすい量

［フラン］

| | |
|---|---|
| 牛乳 | 291g |
| 全卵 | 3 個 |
| グラニュー糖 | 67g |
| 薄力粉 | 27.5g |

| | |
|---|---|
| 打ち粉 | 適量 |
| ドリュール | 適量 |

## 作り方

### ［パート・ブリゼ］

**1** 冷やしておいた薄力粉、塩、グラニュー糖、2cm 程度の賽の目に切ったバターを入れ（a）、ミキサーを低速で回す。

**2** そぼろ状になったら（b）、牛乳と卵黄を混ぜ合わせて加える（c）。

※かたい生地になるので、しっかり合わせ過ぎないこと（d）

**3** ラップでくるみ（e）、冷蔵庫で一晩休ませる。

**4** 打ち粉をふった作業台で **3** を 2mm の厚さにのばし、ピケする（f）。

**5** タルトリングのふたまわりぐらいの大きさに切り（g）、タルトリングに敷き込んだ状態で一晩休ませる（h）。

**6** 再度しっかりとタルトリングに密着させるように押し込み（i）、余分な生地を取り除く（j）。

**7** 紙を 2 枚のせて重しを入れ（k）、180℃のオーブンで 20 〜 25 分、空焼きにする。

※紙を 2 枚のせるのは、1 枚だと破れることがあるため

**8** 重しと紙を外してドリュールを塗り（l）、180℃のオーブンで 10 分焼成する（m）。

a

b

c

d

e

f

g

h

i

j

k

l

m

［フラン］

**1** 鍋に牛乳を入れ、火にかける。

**2** 全卵とグラニュー糖を混ぜ合わせ(n)、薄力
粉を加える(o)。

※粉っぽさやダマがなくなったら OK

**3** 1が沸騰したら、2に少量入れて混ぜ合わせ
(p)、鍋に戻す(q)。

**4** 粉気がなくなるまで火にかける(r)。

※絶えず鍋底からかき混ぜる

n

o

p

q

r

［組み立て］

**1** 空焼きした生地にフランを入れ、表面を軽く
ならす(s)。

**2** 天板を 2 枚重ね、180℃のオーブンで 20 分
焼成する(t)。

※生地はすでにしっかり焼けているので、下火を弱
　くするために天板を重ねる

※生地もフランも熱ければ、焼成する時間は短くて
　済む

s

t

# Tarte au Griotte Pistache

タルト・グリオット・ピスターシュ
菅又亮輔

§

パート・ブリゼは作り方もだが、焼き方が大事である。
空焼きするときは、型にしっかり沿わせてすき間を作らないこと。
そしてのばすようにして型にはりつける。
重石を入れるとはいえ、どうしても焼き縮みが起こるからだ。
焼くときは、作りたい高さのセルクルを天板の四隅におき、
かつグリルをおいて浮きを抑え、均一の高さになるようにする。
焼き上がったパート・ブリゼは、
ふちからはみ出た生地をナイフで削る。
ちょっとした手間だが、
高さを揃えることで、見た目がすっきりし、
仕上がりがぐんときれいになる。

## 材料 （直径 12cm の円型 7 台分）

[パート・ブリゼ]

| | |
|---|---|
| 薄力粉 | 375g |
| 無塩バター | 285g |
| 塩 | 7.5g |
| グラニュー糖 | 7.5g |
| 卵黄 | 15g |
| 牛乳 | 90g |

[クレーム・ダマンド・ピスターシュ]

| | |
|---|---|
| 無塩バター | 170g |
| 粉糖 | 170g |
| アーモンドプードル | 170g |
| コーンスターチ | 15g |
| 全卵 | 100g |
| ピスタチオペースト | 50g |
| キルシュ | 15g |
| クレーム・パティシエール | 160g |

[クレーム・パティシエール]

| | |
|---|---|
| 牛乳 | 750g |
| 生クリーム (45%) | 250g |
| 卵黄 | 240g |
| グラニュー糖 | 235g |
| コーンスターチ | 25g |
| 薄力粉 | 5g |
| プードル・ア・ラ・クレーム | 45g |
| ヴァニラビーンズ | 1/2 本 |

※分量は作りやすい量

[クランブル]

| | |
|---|---|
| 強力粉 | 110g |
| アーモンドプードル | 110g |
| 無塩バター | 110g |
| グラニュー糖 | 110g |
| 塩 | 2g |

[グリオット・ポッシェ]

| | |
|---|---|
| 冷凍グリオット (ホール) | 300g |
| グラニュー糖 | 150g |
| 水 | 135g |

| | |
|---|---|
| 粉糖 | 適量 |
| ピスタチオ | 適量 |

## 作り方

[パート・ブリゼ]

1 薄力粉、グラニュー糖、塩、1.5cm 角に切っ
たバターをミキサーで回し (a)、そぼろ状に
する (b)。

2 卵黄と牛乳を混ぜ、1 に加える (c)。

3 生地がまとまったらミキサーから外し (d)、
薄くのばしてフィルムで包み、冷蔵庫で 10
時間休ませる。

4 3 を 2mm の厚さにのばし、ピケする (e)。

5 直径 16cm の円型で抜き (f)、シワにならな
いように薄くのばしながら、直径 12cm のタ
ルトリングに敷き入れ (g)、冷蔵庫で一晩休
ませる (h)。
※角にしっかり沿わせ、すき間を作らないように密
着させる

6 紙をのせて重しを入れ (i)、グリルをおき、
180℃のオーブンで 40 分空焼きにする (j)。

7 焼き上がったらタルトリングのふちからはみ
出た生地を落とす (k)。

a
b
c
d
e
f
g
h

i

j

k

［クレーム・パティシエール］

**1** ヴァニラビーンズのさやを縦にさき、内側の種子をこそげとる。

**2** ボウルに牛乳、生クリーム、1のヴァニラビーンズの種子を入れて中火にかけ（l）、沸騰直前まで温める（m）。

**3** 火を止め、ふたをする。
※ヴァニラを抽出する

**4** 卵黄とグラニュー糖をすり合わせ、コンスターチ、薄力粉、プードル・ア・ラ・クレームを加える（n）。

**5** 3を再度火にかけ、70℃になったら4に1/3量を加えて混ぜる（o）。

**6** 5を4に戻して混ぜ合わせ、シノワで漉す（p）。

**7** 火にかけ、絶えずかき混ぜる（q）。

**8** つやが出てきてなめらかになり、中心からふつふつしてきたら火を止める（r）。

**9** 氷水にあてて、かき混ぜながら蒸気を飛ばす（s）。

**10** バットに広げ、ラップを密着させる（t）。

l

m

n

o

p

q

r

s

t

［クレーム・ダマンド・ピスターシュ］

1 やわらかくしたバター、粉糖、アーモンドプードル、コーンスターチをミキサーで回し、混ぜ合わせる（u）。

2 全卵をときほぐし、1に2～3回に分けて加える（v）。

3 ピスタチオペーストに2を少量加えて混ぜ、2に戻し、ミキサーで混ぜ合わせる（w）。

4 クレーム・パティシエールをほぐし、3に加える（x）。

5 キルシュを加える（y）。

6 冷蔵庫で休ませる（z）。

 u
 v
 w
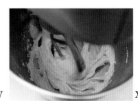 x
 y
 z

［クランブル］

1 すべての材料をミキサーで回す（a'）。
　※バターは1.5cm角に切っておく

2 好みの粒状になったらボウルに移し、冷蔵庫で休ませる（b'）。

 a'
 b'

［グリオット・ポッシェ］

1 鍋に水とグラニュー糖を入れて沸騰させる（c'）。

2 1が沸いたら、冷凍グリオットに注ぎ（d'）、一晩漬ける。

 c'
 d'

［組み立て］

1 ざる、キッチンペーパーを使って（e'）、グリオット・ポッシェのシロップを切る（f'）。

2 丸口金をつけた絞り袋にクレーム・ダマンド・ピスターシュを入れ、空焼きしたタルト生地の底に 120g 絞り入れる（g'）。

3 1 のグリオットを 20 粒ほどおく（h'）。

4 クランブルをほぐし、グリオットを覆うように 60g のせる（i'）。
※粒の大きいクランブルを表面におく

5 160℃のオーブンで 35 分焼成する。

6 粉糖をふり（j'）、半分にカットしたグリオットとピスタチオを飾る（k'）。

# Partie

# 2

# Pâte Sucrée

パート・シュクレ

パート・ブリゼ同様、タルトなどの土台に使われることが多いパート・シュクレ。
パート・ブリゼとの違いは、材料の点では、水分が少なく
砂糖が入ることである。そのため作り方も異なる。
バターを可塑性のある状態にし、砂糖をすり混ぜ、
卵を加えるクレメという方法で作る。そして最後に粉を加えるので、
グルテンがほとんど形成されず、もろくほろほろとした口当たりの生地になる。
作業中、バターが適温より高くなり、やわらかくなり過ぎると、
グルテンにバターが染み込んだようになり、
生地がかたく焼き上がるので注意が必要。
このようなことから分かるように、パート・シュクレは、なきやすい生地である。
水気の多いアパレイユやクリームと合わせるのは避けたい。

# Bombe Amande

ボンブ・アマンド

金子美明

§

僕自身が好きな菓子で、
パリ時代に本当によく食べたのが、ボンブ・アマンド。
パート・シュクレのざくざくした食感、
しっとりとしたアパレイユ、そこにレモンやフランボワーズ、
アプリコットのコンフィチールの甘酸っぱさが加わって、
この小さな菓子の中に食べて楽しい要素がぎゅっと詰まっている。
土台に使うのがパート・シュクレ。
生地を作るときは練り過ぎず練らな過ぎず程度に仕上げるようにする。
タルトなどの土台によく使う点でパート・ブリゼに似ているが、
パート・シュクレの場合は、水分の多いアパレイユは不向き。
時間が経過する中で、もろい食感が失われてしまうからだ。

## 材料 <small>(オーバル型 6 個分)</small>

[パート・シュクレ]

| | |
|---|---|
| 薄発酵バター | 130g |
| 粉糖 | 87g |
| アーモンドプードル | 29g |
| 全卵 | 43g |
| 薄力粉 | 217g |

| | |
|---|---|
| 打ち粉 | 適量 |

[アパレイユ]

| | |
|---|---|
| パート・ドゥ・シトロン | 20g |
| レモンジュース | 100g |
| フォンダン | 50g |
| 粉糖 | 100g |
| 粉糖 | 100g |
| アーモンドプードル | 110g |
| 全卵 | 100g |
| コーンスターチ | 35g |
| 無塩バター | 44g |

[コンフィチュール・ドゥ・
フランボワーズ・ペパン]

| | |
|---|---|
| 冷凍ラズベリー（ブロークン） | 100g |
| レモンジュース | 3g |
| 水飴 | 24g |
| グラニュー糖 | 60g |
| ペクチン | 0.2g |

[グラス・オ・シトロン]

| | |
|---|---|
| 粉糖 | 200g |
| レモンジュース | 40g |

| | |
|---|---|
| アプリコットのコンフィチュール | 適量 |
| レモンピール | 適量 |

## 作り方

［パート・シュクレ］

**1** 常温に戻しておいたバターと粉糖をミキサーで回し、ポマード状にする（a）。
　※低速で回す

**2** アーモンドプードルを加える。

**3** 全卵を数回に分けて加える（b）。
　※途中、ミキサーから外し、周りについた生地をおとす

**4** 薄力粉を加え、粉気がなくなってからも少し回す。

**5** ミキサーから外し、周りについた生地をおとし、もう一度ミキサーで回す（c）。

**6** 作業台でヘラでのばすように生地をまとめる（d）。

**7** 2cm 程度の厚さにのばし、ラップをして冷凍庫で一晩休ませる（e）。

**8** 打ち粉をふったパイシーターで幅 18cm、厚さ 2.25cm にのばす（f）。

**9** かたさが出てくるまでしばらく休ませる。

**10** 4 × 18cm、4 × 6cm に 6 枚ずつ切る（g）。

**11** 10 の 4 × 18cm の生地を、型の側面に、空気が入らないように、すき間を作らないように密着させる（h）。

**12** 10 の 4 × 6cm の底面の生地はピケして（i）四隅をカットし（j）、型の底に入れてすき間を作らないように密着させる（k）。
　※側面の生地としっかりつなぎ、ふちをカットする（l）

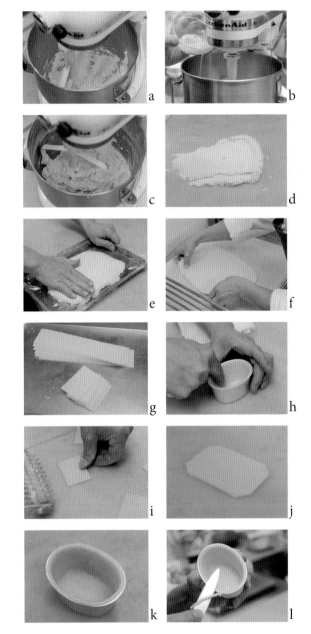

［アパレイユ］

1 パート・ドゥ・シトロンを作る。材料をフードプロセッサーに入れ、よく混ぜ合わせる（l）。

2 パート・ドゥ・シトロン、粉糖、アーモンドプードルをフードプロセッサーに入れ（m）、混ぜ合わせる。

3 40℃に温めてほぐした全卵（n）を加える（o）。コーンスターチを加える。

4 60℃に温めたバターを加える（p）。

［コンフィチュール・ドゥ・
　フランボワーズ・ペパン］

1 銅鍋に冷凍ラズベリー（ブロークン）を入れ、火にかける（q）。

2 レモンジュースを加える（r）。

3 電子レンジで温めてのばした水飴を加える（s）。

　※このとき、弱火にする

4 40℃になったらグラニュー糖とペクチンを合わせたものを加え（t）、糖度66°Bに煮詰める（u）。

5 バットに移して冷ます（v）。

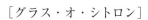

［グラス・オ・シトロン］

1 粉糖にレモンジュースを加えてよく混ぜ合わせ（w）、シノワで漉す（x）。

［組み立て］

**1** パート・シュクレを敷いた型にアパレイユ 20g を絞り入れる（y）。

**2** コンフィチュール・ドゥ・フランボワーズ・ペパン 10g を中央に絞り入れ（z）、その上にアパレイユ 44g を絞り入れる（a'）。

**3** 180℃のオーブンで6分、160℃に温度を下げて縦に切れ込みを入れ（b'）10分、もう一度切れ込みを入れ、天板の前後を入れ替えて 15分、型から外してさらに5分焼成する（c'）。

**4** 表面に煮詰めたアプリコットのコンフィチュールをまんべんなく塗る（d'）。

**5** アプリコットのコンフィチュールが乾かないうちに、上面に長さ 5cm 程度の細長い三角形に切ったレモンピールをのせる（e'）。

**6** アプリコットのコンフィチュールが乾いたら、グラス・オ・シトロンを塗り（f'）、天板の上に高さを作ったグリルにおく。

**7** 180℃のオーブンに1分、天板の前後を入れ替えて1分入れて、表面のグラス・オ・シトロンを乾かす（g'）。

※グラス・オ・シトロンがぶくぶくしないように注意

# Cassis de Sucurée

カシス・ド・シュクレ
藤生義治

§

カシスの甘酸っぱさとアパレイユに使うチーズクリームの酸味が心地よい。
食感のアクセントに加えるシュトロイゼルにもレモンを利かせ、
全体にさわやかな酸味があるのが、この菓子の特徴である。
カシスのシロップ煮は、糖度が高くないものが、酸味が前面に出て適している。
パート・シュクレは実に使用範囲が広い。
この菓子のように、タルトの土台として、
ガトー・セックにも何種類かに使用している。
用途によってアーモンドプードルを入れないパート・シュクレも使う。
工程で気をつけるべきは、こねすぎないこと。
そして、空気を入れないように気をつけることである。
ちょっと粉が残るぐらいでちょうどよいだろう。

## 材料 （直径 7cm ×高さ 1.5cm のタルト型 20 個分）

| ［パート・シュクレ］ | | ［アパレイユ］ | | ［シュトロイゼル］ | |
|---|---|---|---|---|---|
| 無塩バター | 500g | クレーム・ダマンド | 400g | パート・ダマンド | 120g |
| 粉糖 | 350g | 無塩バター | 1000g | レモンの皮 (すりおろしたもの) | 1 個分 |
| 全卵 | 165g | 粉糖 | 1000g | 無塩バター | 240g |
| 中力粉 | 800g | 全卵 | 550g | グラニュー糖 | 120g |
| 塩 | 5g | 生クリーム (35%) | 250g | 中力粉 | 320g |
| アーモンドプードル | 150g | アーモンドプードル | 1000g | 塩 | 1g |
| | | チーズクリーム | 200g | ベーキングパウダー | 5g |
| 打ち粉 | 適量 | ※分量は作りやすい量 | | ※分量は作りやすい量 | |

カシス （シロップ煮） ──── 200g

## 作り方

### ［パート・シュクレ］

**1** 常温に戻しておいたバターをポマード状にし、粉糖を加え、すり合わせる(a)。

**2** 全卵を 3 回程度に分けて加える(b)。

**3** アーモンドプードルを加え、中力粉と塩を加える(c)。

**4** 作業台に打ち粉をふり、使いやすい量をおき、生地を打つようにしながらまとめる(d)。

**5** めん棒で軽くのばし (e)、パイシーターで2mm の厚さにする(f)。

a

b

c

d

e

f

### ［アパレイユ］

**1** クレーム・ダマンドを作る。常温に戻しておいたバターをポマード状にし (g)、粉糖を加えてすり合わせる。

※重くなく、しっとりとした食感にするため、白っぽくなるまで少し立たせる

**2** 全卵を 3 回程度に分けて加える(h)。

**3** 常温に戻しておいた生クリームを少しずつ加える(i)。

**4** アーモンドプードルを加える。

**5** ポマード状にしたチーズクリームを加える(j)。

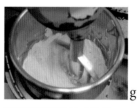g

h

i

j

［シュトロイゼル］

**1** パート・ダマンドをミキサーで回す(k)。

**2** なめらかな状態になったらレモンの皮（すりろしたもの）を入れる(l)。

**3** 常温に戻しておいたバターを加える(m)。

※このとき2とバターが同じぐらいのかたさであること。そうしないとダマになってしまう

**4** グラニュー糖を加える(n)。

**5** 中力粉、塩、ベーキングパウダーを加える(o)。

**6** 冷蔵庫で一日休ませる。

**7** 2cm幅程度にカットし(p)、目の粗い網に通して(q)、そぼろ状にする(r)。

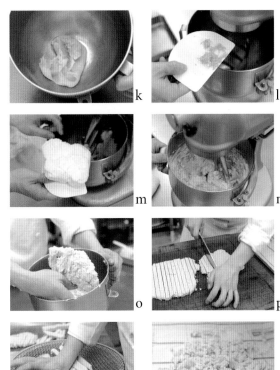

［組み立て］

**1** パート・シュクレを直径9cmの円型に抜き(s)、タルト型に敷く(t)。

**2** 180℃のオーブンで10分弱、うっすらと焼き色がつく程度の白焼きにする(u)。

**3** 2の中央にカシス（シロップ煮）10gをおき(v)、アパレイユを絞り袋に入れて中心からうずまき状に30gを絞る(w)。

**4** シュトロイゼル10gをおき、180℃のオーブンで30分焼成する(x)。

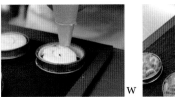

# Tarte Citron

タルト・シトロン
鮎澤信次

§

パート・ブリゼ同様、
軽やかな食感を出すことが大事な生地が、パート・シュクレである。
なので、決して練りすぎないこと。
練ると粉のグルテンが出るので、どうしても生地がかたくなってしまう。
粉以外の材料を軽く立てるように合わせ、
最後に粉を加え、さっくりと混ぜるようにする。
僕の店では、割合を決めて 2 番生地を少し加えて生地を作っている。
こうすることでロスを少なくし、日々安定した生地を作ることができる。
パート・シュクレの場合は、
生地に砂糖が入っているので、少し酸味のあるものとよく合う。
レモンを効かせたタルト・シトロンは、まさに黄金の組み合わせである。

## 材料 （直径 16cm のタルトリング 6 個分）

［パート・シュクレ］

| 無塩バター | 300g |
|---|---|
| グラニュー糖 | 200g |
| 全卵 | 120g（2 個） |
| 薄力粉 | 500g |
| ヴァニラプードル | 適量 |

| 打ち粉 | 適量 |
|---|---|

［クレーム・シトロン］

| 全卵 | 600g |
|---|---|
| グラニュー糖 | 550g |
| レモンジュース | 400g |
| 無塩バター | 750g |

［ムラング・イタリエンヌ］

| 卵白 | 150g |
|---|---|
| グラニュー糖 | 225g |
| 水 | 適量 |

レモンの皮 （すりおろしたもの）

| | 適量（1 個分程度） |
|---|---|
| グラニュー糖 | 適量 |
| ナパージュ・ヌートル | 適量 |
| 粉糖 | 適量 |

## 作り方

［パート・シュクレ］

**1** 常温に戻しておいたバターをミキサーで回し、ポマード状にする（a）。

**2** グラニュー糖を加える。

**3** バターとグラニュー糖がよく混ざったら、全卵を 1 つずつ加える（b）。
　※2 個目は乳化し始めたときに加える

**4** 薄力粉とヴァニラプードルを合わせてふるい、3 に加える。

**5** 4 の粉が全部混ざるか混ざりきらないかのタイミングでミキサーから外す（c）。
　※さっくりした食感にするために、必要以上に混ぜ過ぎない

**6** ラップをして冷蔵庫で 2 時間休ませる（d）。

**7** 打ち粉をふった作業台の上で、バリバリした部分をもみほぐす。

**8** 180g に分割して（e）、さらにもみ、3mm の厚さに円くのばす（f）。

**9** 7 をタルトリングに入れ、すき間を作らないように密着させる（g）。

**10** 上部を少しだぶらせてつまみ、余分な生地を取り除く（h）。

**11** ふちをつまみあげて内側に折り込み（i）、ふちと同じ厚さに揃えるようにしながら、押さえ上げる（j）。

**12** 冷蔵庫で 30 分休ませる。

[クレーム・シトロン]

1 全卵をほぐし、グラニュー糖を加える(k)。

2 レモンジュースを加え、ハンドブレンダーで
混ぜ合わせる(l)。
※泡立てないように注意すること

3 沸騰するまで火にかける(m)。
※ホイッパーで常にかき混ぜ、焦がさないようにする

4 ぶくぶくしてきたらバターを加え、ひと煮立
ちさせる(n)。

5 ハンドブレンダーで回し(o)、目の細かいシノ
ワで漉す(p)。

[ムラング・イタリエンヌ]

1 鍋にグラニュー糖と浸る程度の水を入れ火
にかけ、117℃まで温める(q)。

2 卵白を泡立て、1のシロップを少しずつ加え
ながらさらに泡立てる(r)。

[組み立て]

1 パート・シュクレをタルトリングの高さに合
わせて余分な生地を取り除く(s)。

2 紙をのせ、重しの小豆をタルトリングの高さ
よりやや上になるぐらいまで入れ(t)、180℃
のオーブンで30分、空焼きにする(u)。

3 クレーム・シトロン350g を、タルトリングの
高さよりやや上になるぐらいまで入れる。

4 レモンの皮(すりおろしたもの)とグラニュー
糖をふりかけ、180℃のオーブンで5～6分
焼成する。

5 タルトが冷めたら、温めたナパージュ・ヌー
トルを上面に塗り、ふちに粉糖をふる(v)。
※手で直接持つとタルトが割れるので、グリルの上
で作業する

6 ムラング・イタリエンヌを上面に3カ所、大
きく絞り出す(w)。

7 バーナーでムラングに焼き色をつける(x)。

# Mirliton

ミルリトン

森本 慎

§

素朴で素直に美味しいと思えるタルトレットのひとつ、ミルリトン。
店によっていろいろなタイプがあるが、
基本は、タルト生地にアパレイルを流し入れて焼いたもの。
アルカションでは、ドライ・アプリコットをしのばせ、
ちょっとしたアクセントを与えている。
こういう焼きっ放しの菓子は、意外と難しい。
どのくらいオーブンに入れるかで味わいが決まるし、
オーブンに入れたら手を加えられないので、ミスが許されないのである。
生地を作るときのポイントとしては、
粉をしっかりと混ぜつつも、練らないこと。
粉気がなくなったタイミングで混ぜるのを止めることである。

## 材料 <small>（直径 6cm のポンポネット型 3 個分）</small>

[パート・シュクレ]

| | |
|---|---|
| 無塩バター | 500g |
| 粉糖 | 300g |
| 塩 | 12.5g |
| 全卵 | 3 個 |
| 薄力粉 | 1000g |

※分量は作りやすい量

[アパレイユ・ミルリトン]

| | |
|---|---|
| 全卵 | 30g |
| 粉糖 | 30g |
| アーモンドプードル | 30g |
| 溶かしバター | 30g |

| | |
|---|---|
| ドライ・アプリコット | 2 個 |
| 粉糖 | 適量 |

打ち粉 ──────── 適量

## 作り方

[パート・シュクレ]

**1** 常温に戻しておいたバター、粉糖、塩をミキサーで回し、ポマード状にする(a)。

**2** 全卵を 3 回に分けて加える(b)。

**3** 薄力粉を加える(c)。

**4** 3 の粉が全部混ざるか混ざりきらないかのタイミングでミキサーから外す(d)。
　※さっくりした食感にするために、必要以上に混ぜ過ぎない

**5** ビニールで包んで冷蔵庫で一晩休ませる(e)。
　※このとき生地を広げ四角くしておくと、あとの作業がやりやすい

a

b

c

d

e

[アパレイユ・ミルリトン]

**1** 全卵をほぐし、粉糖とアーモンドプードルをざっくりと加える(f)。

**2** 溶かしバターを加え混ぜる(g)。

f

g

［組み立て］

**1** パート・シュクレを、打ち粉をふった作業台の上で、めん棒で軽くのし、パイシーターで3mmの厚さにのばす（h）。

**2** 直径8cmの菊型で抜き（i）、ポンポネット型に入れ、軽く押さえながらすき間を作らないように密着させる（j）。

**3** 3等分にカットしたドライ・アプリコット2個を入れる（k）。

**4** アパレイユ・ミルリトン40gを、型の8～9分目まで入れる（l）。
　※途中、しっかり叩いて空気を抜く

**5** アパレイユ・ミルリトンの上に粉糖を2回ふる（m）。
　※パート・シュクレにはかけないように注意（n）
　※粉糖を2回ふることできれいな模様になる

**6** 180℃のオーブンで30分焼成する（o）。
　※粉糖が溶けないよう、なるべく上火がかからないようにする

# Tarte Caraibe

タルト・カライブ

菅又亮輔

§

パート・シュクレはタルトの土台として使うことが多く、
このタルト・カライブも然り。
カライブとはカリブの、という意味。
カリブ諸島産のチョコレートを使った、
チョコレート・タルトといったところだ。
土台となる生地のパート・シュクレは、
フルーツをのせるのが定番だが、
食べられる器という捉え方をすると応用がぐっと広がる。
タルト・カライブのセンターには、チョコレートによく合う
酸味のあるオレンジのジュレやパッションフルーツのクリームを入れた。
味のアクセントに一役買ってくれる。

## 材料（40個分）

[パート・シュクレ]

| | |
|---|---|
| 無塩バター | 400g |
| 粉糖 | 250g |
| 全卵 | 160g |
| 薄力粉 | 330g |
| 強力粉 | 330g |
| アーモンドプードル | 80g |
| 塩 | 2.5g |
| ヴァニラプードル | 0.5g |

| | |
|---|---|
| 打ち粉 | 適量 |

[クレーム・パッション]

| | |
|---|---|
| ピューレ・パッション | 125g |
| ピューレ・オランジュ | 20g |
| 全卵 | 95g |
| 卵黄 | 85g |
| グラニュー糖 | 85g |
| バター | 95g |
| ゼラチン | 1.5g |

[ジュレ・オランジュ]

| | |
|---|---|
| ピューレ・オランジュ | 285g |
| マンダリン・コンサントレ | 70g |
| グラニュー糖 | 50g |
| ゼラチン | 8.5g |

[ガナッシュ・パッション]

| | |
|---|---|
| ピューレ・パッション | 270g |
| トリモリン | 50g |
| ショコラオレ | 600g |
| 無塩バター | 125g |

[シャンティ・ショコラブラン]

| | |
|---|---|
| ショコラブラン | 460g |
| 生クリーム（35%） | 310g+840g |
| 水あめ | 34g |
| トリモリン | 34g |
| ゼラチン | 8.5g |
| オレンジゼスト | 半個分 |

[コンフィチュール・パッション・オランジュ]

| | |
|---|---|
| ピューレ・パッション | 280g |
| ピューレ・オランジュ | 110g |
| ピューレ・シトロン | 8g |
| グラニュー糖 | 200g |
| ペクチン LN-SN-325 | 6g |

※分量は作りやすい量

| | |
|---|---|
| カカオバター | 適量 |
| オレンジ（一口大にカットしたもの） | 適量 |
| オレンジの皮のシロップ煮 | 適量 |

## 作り方

[パート・シュクレ]

**1** 薄力粉、強力粉、アーモンドプードル、粉糖、塩、ヴァニラプードル、1cm角に切ったバターをミキサーで回し、そぼろ状にする（a）。

**2** 全卵をときほぐし、1に加える（b）。

**3** 生地がまとまったら、ミキサーから外し（c）、薄くのばしてフィルムで包み、冷蔵庫で8時間休ませる（d）。

**4** 打ち粉をふったパイシーターで3を2mmの厚さにのばす。

**5** 直径9cmの円型で抜いて、直径8cm（底径5.5cm）×高さ2.5cmの型に敷き込む（e）。

**6** 160℃のオーブンで25分空焼きにする（f）。

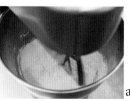
a

b

c

d

e

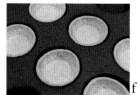
f

［クレーム・パッション］

1 全卵、卵黄、グラニュー糖をすり合わせる（g）。

2 ピューレ・パッション、ピューレ・オランジュを加え、火にかける（h）。

3 しっかりと火が入り、とろみがついたら火からおろし、ゼラチンを加える（i）。

4 シノワで漉し、氷水にあてる（j）。

5 45℃になったら、20 〜 22℃のバターを加え（k）、ハンドブレンダーで乳化させる（l）。

g

h

i

j

k

l

［ジュレ・オランジュ］

1 ピューレ・オランジュの半量にグラニュー糖とゼラチンを加え（m）、湯煎で温める（n）。

2 残りのピューレ・オランジュ、マンダリン・コンサントレを加える（o）。

3 氷水にあて、20℃まで落とす。

m

n

o

［ガナッシュ・パッション］

1 ピューレ・パッションを沸騰させ、トリモリンを加える。

2 ショコラオレに1を少しずつ加えてのばす（p）。

3 1cm角のバターを入れ（q）、ハンドブレンダーでなめらかになるまで乳化させる（r）。

p

q

r

[シャンティ・ショコラブラン]

1 鍋に生リーム 310g、水あめ、トリモリンを入れて沸騰させる(s)。

2 ゼラチンを加える(t)。

3 ショコラブランを加えて混ぜ溶かす(u)。

4 40℃になったら生クリーム 840g(v)、オレンジゼストを加え(w)、一晩休ませる。

5 シノワで漉す。

[コンフィチュール・パッション・オランジュ]

1 鍋にピューレ・パッション、ピューレ・オランジュ、ピューレ・シトロンを入れて火にかける。

2 グラニュー糖とペクチンを合わせ、3回に分けて1に加える。

3 完全に沸騰したら、そのまま1分程度火にかけ、軽く煮詰める。

4 天板に広げる。
　※蒸気を飛ばす

［組み立て］

1 センターを作る。直径 5cm × 高さ 2.5cm の型にクレーム・パッションを 10g ずつ入れ、冷凍庫で冷やし固める(x)。

2 1 にジュレ・オランジュを 10g 流し入れ、冷凍庫で冷やし固める(y)。

3 タルト生地の内側にカカオバターを塗る(z)。

4 3 の半分ぐらいの高さまでガナッシュ・パッションを入れ（a'）、2 のセンターをジュレ・オランジュを上にしておく(b')。

5 ガナッシュ・パッションを入れ（c'）、パレットナイフで表面を平らにし(d')、冷蔵庫で冷やし固める。

6 シャンティ・ショコラブランを泡立て、サントノーレ口金をつけた絞り袋に入れ、動きが出るように絞り出す(e')。

7 シャンティ・ショコラブランの間にコンフィチュール・パッション・オランジュをおく(f')。

8 一口大にカットしたオレンジをおき（g'）、オレンジの皮のシロップ煮を飾る(h')。

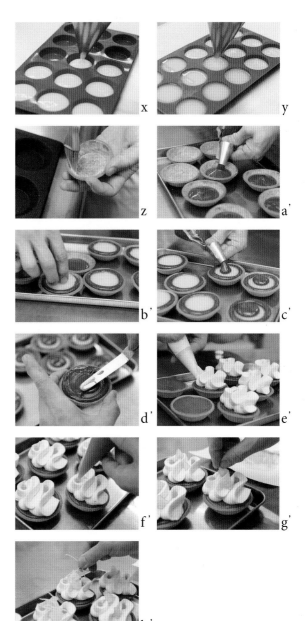

# *Partie*

# 3

# Pâte Feuilletée

パート・フイユテ

幾重にも重なった薄い層、はらはらと崩れるような食感と
豊かなバターの風味が、パイ生地の特徴。
グルテンを形成した粉ベースの生地、デトランプと
バターを何回も折り込むことで、交互で層状になった生地となる。
何度も折ることから、折り込みパイ生地ともいう。
そうして、できあがった生地を焼くと、バターが溶け、
バターの水分の蒸発によりデトランプ層を押し上げる。
これがパイの層となる。
フイユタージュ生地を作るときは、温度管理が肝要である。
材料を充分に冷やし、冷たい環境で作業を行うこと。
パート・フイユテには、デトランプでバターを包み込むオルディネール、
バターでデトランプを包むアンヴェルセ、速成のラピッドがある。

# Bouchée

ブシェ
金子美明

§

フイユタージュ生地は、アンヴェルセを使っている。
パート・フイユテ・アンヴェルセは、デトランプと油脂が逆さになり、
バターでデトランプを包むやり方。
大量のバターを使うので、パイ特有のはらはらした食感がより表現できる生地である。
バターをたくさん使うので、なかなか扱いづらい生地だが、
上手に作るには、とにかく正確に作業をすること。
加えて、ていねいで簡潔な作業をし、生地に余計な負担をかけないようにする。
のばすときも同様に、力を均一にかけて、均等にのばすことを心がける。
ブシェは、仕上げに詰め物をする。
ここではクレーム・パティシエールを使ったが、菓子だけでなく、
ベシャメルソースなどを入れて、料理にも使われる。

## 材料 (12 個分)

[パート・フイユテ・アンヴェルセ]

| | |
|---|---|
| 薄力粉 | 75g |
| 強力粉 | 75g |
| 発酵バター | 375g |

デトランプ

| | |
|---|---|
| 薄力粉 | 228g |
| 強力粉 | 122g |
| グラニュー糖 | 25g |
| 塩 | 15g |
| 水 | 108g |
| ワインヴィネガー | 2.5g |
| 発酵バター | 100g |

| | |
|---|---|
| 打ち粉 | 適量 |
| 水 | 適量 |
| ドリュール | 適量 |

[クレーム・パティシエール]

| | |
|---|---|
| 牛乳 | 1000g |
| 卵黄 | 240g |
| グラニュー糖 | 250g |
| 薄力粉 | 45g |
| コーンスターチ | 45g |
| 無塩バター | 100g |
| ラム酒 | 30g |
| ヴァニラビーンズ | 1 本 |

| | |
|---|---|
| カソナード | 適量 |

## 作り方

[パート・フイユテ・アンヴェルセ]

1 強力粉、薄力粉、バターをミキサーで回し、そぼろ状にする。

2 ある程度細かくなったらミキサーから外し、確認しながら手で混ぜる（a）。
   ※ただし手で触りすぎるとバターが溶けてしまうので注意

3 作業台に広げ、ヘラでのばしてバターのダマのない状態にする（b）。

4 バットの上におき、ビニールをして冷蔵庫で休ませる（c）。

5 デトランプを作る。薄力粉、強力粉、溶ける手前のクリーム状にしたバターをミキサーで回す（d）。

6 塩、水、ワインヴィネガーを合わせ（e）、糸をたらすようにしながら少しずつ1に加える。

7 ミキサーから外し（f）、作業台の上で練って（g）軽くひとまとめにし、ビニールをかぶせて冷蔵庫で休ませる（h）。

8 4を作業台に広げて四角くまとめ、ビニールに包んで広げ（i）、冷蔵庫で休ませる。

9 デトランプをビニールに包んでのばし（j）、冷蔵庫で休ませる。
   ※デトランプは包まれる生地なので、あまりのばさない

10 打ち粉をふった作業台で8をのばし、上に9のデトランプをおき（k）、デトランプが出ないように包む（l）。
   ※かたさを揃えるために、バターの多い8の生地は直前まで冷蔵庫に入れておく

11 竹串で空気を抜き、中から外側へ押しながら（m）、均一に広げる。

12 ビニールに包み（n）、冷蔵庫で1時間休ませる。

13 パイシーターで、9mmの厚さにのばし三つ折りにし（o）、90°回転させ3mmにのばし（p）、三つ折りにして（q）冷蔵庫で2〜3時間休ませる。

14 13を3回繰り返す（r）。

**15** パイシーターで 2.5mm にのばして、打ち粉をふったプラックに移し（s）、冷蔵庫で 1 時間休ませる。

**16** 直径 8.5cm のセルクルで12 枚抜き（t）、うち半分は直径 5.5cm のセルクルで真ん中を抜き（u）、冷蔵庫で少し休ませる。

**17** 土台となる生地の表面に水を塗り、真ん中を抜いた生地を 90°回転させて貼り合わせる（v）。

※貼り合わせる生地の向きを変えることで、焼いたときにいびつにならず傾きのない高さにする

**18** 天板におき、ドリュールを塗る（w）。

**19** 冷蔵庫に入れドリュールを乾かし、もう一度ドリュールを塗る。

**20** 180℃のオーブンに 8 分入れ（x）、4.5cm の高さで天板をのせて（y）5 分、天板の前後を入れ替え 5 分、天板を外して 5 分、天板の前後を入れ替えて 5 分焼成する（z）。

※途中で天板をのせるのは傾きのない高さに焼成するため

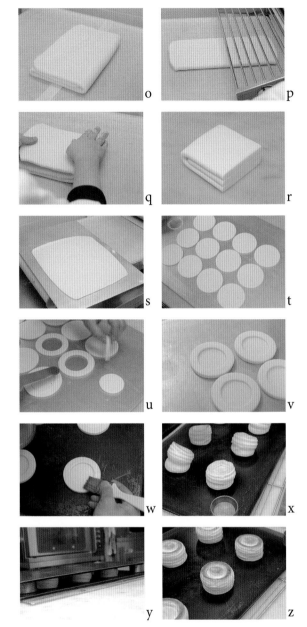

[クレーム・パティシエール]

1 ヴァニラビーンズのさやを縦にさき、内側の種子をこそげとる。

2 銅鍋に牛乳と1のヴァニラビーンズの種子とさやを入れ、沸騰させる(a')。

3 卵黄とグラニュー糖をすり合わせる(b')。

4 薄力粉とコーンスターチを合わせて3に加える(c')。

5 4に2を1/4ほどを入れてのばし(d')、2に戻す(e')。
　※このとき2は沸騰している状態を保つ

6 もそっとした感じが、コシが落ちてつやっとした状態になり、全体がとろりとしたら(f')、火を止め、バターを加える(g')。

7 バットの上に広げ(h')、ラップをして冷蔵庫で冷やす。

8 ヴァニラビーンズのさやをとり、裏ごしする(i')。

9 ラム酒を加える(j')。

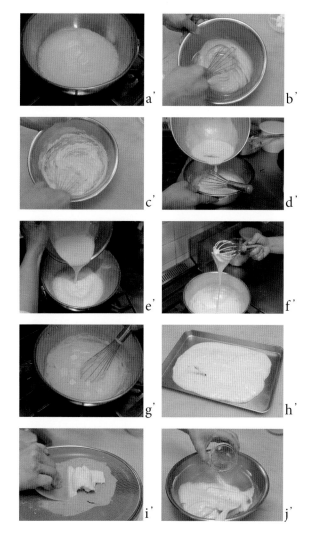

[組み立て]

1 焼き上がったパイ生地の中央のくぼみに沿って生地をくり抜き(k')、クレーム・パティシエールをたっぷりと絞り入れる(l')。

2 上面にカソナードをふり(m')、焼きごてでカラメリゼする(n')。

3 2を3回繰り返す(o')。

# Chausson aux Pommes

ショソン・オ・ポム

藤生義治

§

フイユタージュ生地を使う代表的な菓子のひとつ、ショソン・オ・ポム。

派手さはないが、昔から愛されている菓子である。

ショソンとは、フランス語で"履き物"のことで、

形状が似ていることから命名されたようである。

パート・フイユテは、とにかくていねいに作業すること、

そして、冷たい状態をキープすることが大事である。

ていねいに作業することのひとつに打ち粉の使い方がある。

打ち粉は分量に含まれておらず、あくまで作業効率をよくするために使うものである。

そのため、使うたびにハケで粉を落とすようにしている。

店でフイユタージュ生地を作るときは、

基本的にパート・フイユテ・オルディネールを使うが、

スタッフの勉強のためにアンヴェルセを作ることもある。

## 材料 （60個分）

[パート・フイユテ]
デトランプ
　強力粉 ———————— 1600g
　薄力粉 ———————— 400g
　塩 ———————————— 30g
　水 ———————————— 850g＋適量
　酢 ———————————— 100g
　溶かしバター ———— 160g
　無塩バター ————— 1600g

打ち粉 ———————————— 適量

リンゴのコンポート ———— 2700g
ドリュール ————————— 適量
粉糖 ——————————————— 適量
水 ———————————————— 適量

## 作り方

[パート・フイユテ]

**1** デトランプを作る。強力粉、薄力粉、塩をミキサーで回す（a）。

**2** 溶かしバターを加える（b）。

**3** 水850g、酢を加えてまとめる（c）。
　※まとまりが足りないようなら、水を適宜加えて調節する

**4** デトランプを二等分して丸め（d）、上面にナイフで十字に切れ目を入れ（e）、冷蔵庫で一晩休ませる。

**5** デトランプひとかたまりにつき800gの折り込み用バターをビニールなどに包み、叩いてのばす（f）。

**6** 作業台に打ち粉をふり、デトランプをおき、切れ目の部分を外側に広げる（g）。
　※このとき、正方形になるようにめん棒である程度のばしておく（h）

**7** デトランプをパイシーターで、**5**のバターの倍の面積強ぐらいにまでのばす。

**8** デトランプの上に**5**のバターをおき（i）、すき間をつくらないように包む（j）。

**9** めん棒でおさえながら均一にのばし（k）、パイシーターにかける（l）。

**10** 三つ折りにして（m）パイシーターでのばし、90°回転させ、三つ折りにして（n）パイシー

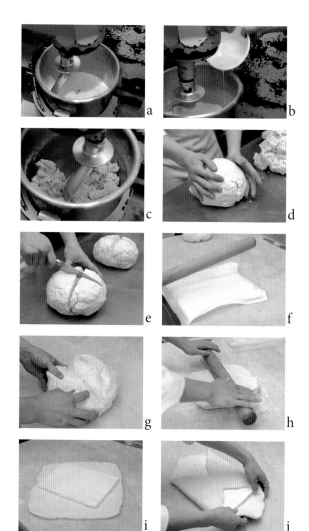

a　b　c　d　e　f　g　h　i　j

ターでのばし、冷蔵庫で 1 時間休ませる。

**11** 10 を 3 回繰り返す(o)。

**12** 打ち粉をふった作業台に 11 の生地をおき、
めん棒で軽くたたき（p）、パイシーターで
3mm にのばし、冷蔵庫で 30 分休ませる(q)。

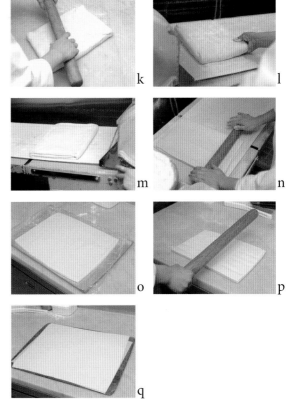

［組み立て］

**1** パート・フイユテを直径 13cm の円型に抜き
(r)、冷蔵庫で 30 分休ませる。

**2** ふちに水を塗り(s)、リンゴのコンポート 45g
を中央に絞る。

**3** 生地を半分に折り、まずふちの真ん中の部
分をおさえ(t)、ふち全体をはり合わせる(u)。

**4** 表面にナイフで模様をつけ、ドリュールを塗
る(v)。

**5** 200℃のオーブンに 20 分入れ、生地が立ち
上がり色がついてきたら（w）いったん取り
出し、粉糖をたっぷりふりかけ（x）、粉糖が
キャラメリゼするまで 15〜20分焼成する(y)。

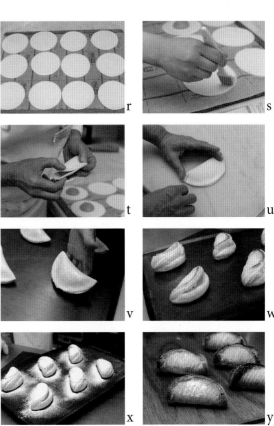

# Conversation

コンヴェルサッション
鮄澤信次

§

パイ生地を使うタルトレットの中で、
古い菓子で風格を感じさせるのが、コンヴェルサッションである。
パイ生地、クレーム・ダマンド、グラス・ロワイヤルだけという
シンプルで、フランス菓子の基本的な材料で作るこの菓子は、
パリパリのパイ生地に、コクのあるクリーム、
カリッとしたグラスの組み合わせが絶妙である。
パイ生地を作るのは難しい。それは焼けるときに生地が立ち上がるからである。
そのため、きちんと作業することと、予測を立てる能力を身につけることが大切である。
生地を扱うときは冷たい状態で、のばすときは均一にするよう心がける。
のばすと縮むので、季節や天候によって作業時間の予測を立てることで、
毎日安定した生地ができる。

## 材料 （直径 7cm のマンケ型 20 個分）

［パート・フイユテ］
デトランプ
　強力粉 —————— 350g
　薄力粉 —————— 150g
　塩 ————————— 18g
　水 ————————— 250g
　溶かしバター ———— 80g
無塩バター —————— 430g

打ち粉 ——————— 適量

［クレーム・ダマンド］
無塩バター —————— 200g
アーモンドプードル (皮つき) — 200g
粉糖 ———————— 200g
全卵 ———————— 200g
薄力粉 ———————— 20g
ラム酒 ———————— 17g
※作り方は P26 参照

［グラス・ロワイヤル］
粉糖 ———————— 200g
卵白 ————————— 17g

粉糖 ———————— 適量

## 作り方

### ［パート・フイユテ］

1 デトランプを作る。強力粉、薄力粉、塩を混ぜ合わせる(a)。

2 くぼみを作り、溶かしバターを加える(b)。

3 水を加えてまとめる(c)。

4 打ち粉をふった冷たい作業台で少し練り、丸める(d)。

5 ビニールで包み(e)、冷蔵庫で 1 時間〜 1 時間 30 分休ませる。
※休ませると弾力がなくなり、つつくと跡が残る

6 折り込み用バターを叩いてのばし (f)、冷蔵庫で休ませる。
※バターのダマがあると均一にのびづらくなる

7 作業台に打ち粉をふってデトランプをおき、十字に切れ目を入れ(g)、切れ目の部分を外側に広げる(h)。
※このとき、正方形になるようにめん棒でのばす(i)

8 デトランプの上にバターをおき(j)、すき間をつくらないように包む(k)。

9 パート・フイユテをのばす(l)。
※生地が縮もうとするのを防ぐため、真ん中から半分ずつのばす

a　b　c　d　e　f　g　h

**10** 三つ折りにして（m）冷蔵庫で1時間休ませた生地を、90°回転させてパイシーターでのばし、再度三つ折りにして（n）冷蔵庫で1時間休ませる。

**11** 10を6回繰り返す。

**12** パイシーターで3mmにのばし、めん棒で1.5〜2mmにのばす（o）。

**13** ピケして（p）冷蔵庫で少し休ませる。

**14** パイシーターでのばして半分にカットし、カットしたパート・フイユテを90°回転させ、正方形になるように2mm程度にのばす（q）。

**15** 直径9.5cmの円型で抜き（r）、マンケ型に敷く（s）。上面におくパート・フイユテを直径8cmの円型で抜き、残りのパート・フイユテをまとめ、冷蔵庫で休ませる。

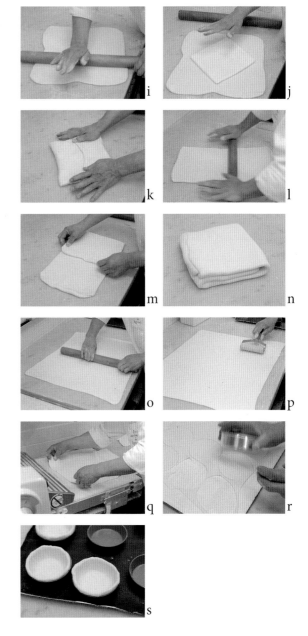

［グラス・ロワイヤル］

**1** 粉糖と卵白を軽く合わせ、ミキサーで少し泡立ち白っぽくなるまで回す（t）。

［組み立て］

1 休ませたパート・フイユテを再度型に押し込み（u）、マンケ型の高さに合わせて余分な生地を取り除く（v）。

2 クレーム・ダマンド 35g を型のぎりぎりまで絞り入れる（w）。

3 真ん中を少しへこませながら、表面をならす（x）。

4 冷蔵庫に入れ、少し休ませる。

5 円型の生地をおき（y）、手の平で上から軽く押す（z）。
　※密着しやすいように、霧をふきかけて作業する

6 冷蔵庫に少し入れたあと、常温で少し休ませる。

7 上から下へナイフをあて、余分な生地を取り除く（a'）。
　※生地が型に少しひっかかっている状態にする

8 上面にグラス・ロワイヤルを塗る（b'）。

9 まとめておいたパート・フイユタージュをパイシーターで 2mm 弱の厚さにのばし、半分に折り、折りしろを残して 3mm 程度幅に切る（c'）。

10 9 を広げ、マンケ型の直径よりやや長めに切る（d'）。

11 10 を格子状に 4 本、8 の上におき（e'）、余分な生地を取り除く（f'）。

12 冷蔵庫で少し休ませ、175℃のオーブンで 25 分焼成する（g'）。

13 焼き上がったら型から外し、グリルの上で冷ます（h'）。

14 ふちに粉糖をふる（i'）。

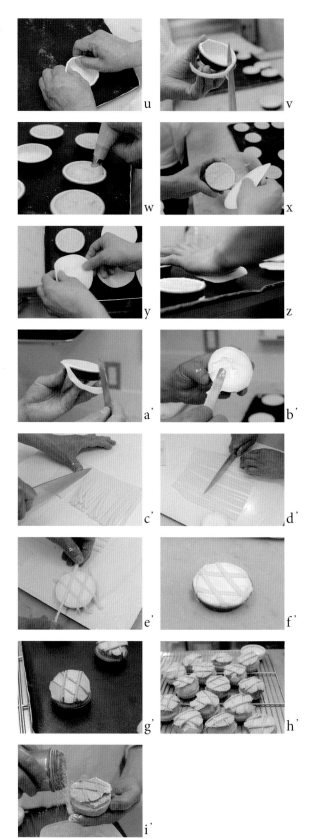

*Column*

# 生地づくりの注意点 その1

本書で紹介している各生地を作る際の注意点をまとめて紹介。
生地を作る上で、よくある疑問を取り上げ、解説していく。

## Q1

パート・シュクレやパータ・ケークで
やわらかくしたバターを使うのはなぜ？

　パート・シュクレの場合は、焼き上がった生地にもろく口の中で砕けるような食感にして、バターが生地の中で散らばってショートニング性をもたせるようにするため。その性質を出すためには、やわらかいバターが適しており、そのために最初にポマード状にしてから作業を行う。

　一方、パータ・ケークでは、バターに砂糖をよく加え、空気を取り込むクリーミング性が必要になる。そのときに、やわらかくなっていると扱いやすいのである。

## Q2

クリーム状のバターに卵を合わせるとき、
少しずつ加える理由は？

　端的にいうと、分離を防ぐため。バターの成分は油脂、卵は水であるため、分離が起こりやすい。しっかり混ぜ合わせるためには、バターの油脂の中に、卵の水分を細かい粒状に分散させることでうまく混ぜ、卵の乳化力を生かすのである。そのためには、一度にではなく、数回に分けて少しずつ卵を加える必要がある。このとき、冷蔵庫から出したばかりの冷たい卵を使うとバターがかたまってしまい、卵が混ざらず分離が起こる。そのため、あらかじめ常温に出しておき、適温にしたものを使うこと。

## Q3

タルト生地の底を
浮き上がらせないためには？

　パート・ブリゼやパータ・シュクレは、タルトの底生地として使うことが多くある。タルト生地が浮き上がる原因は、生地と型／天板の間に空気がたまり、その空気がオーブン内の熱によって膨張し、生地を押し上げるからである。そのため、空気を逃すための工夫をする必要が出てくる。

　それを防ぐには、生地を型にしっかり敷き込むこと。特に型の底の角は、すき間ができやすい箇所なので、空気を抜きながらしっかりと貼りつける。生地をピケし、空気を逃がしやすくする方法もある。どちらか、または両方、作る菓子によって選ぶとよい。

## Q4

パート・ブリゼやパート・シュクレが
焼き縮んでしまう……。

　焼き上がった生地が、側面の型よりも低くなったり、型との間にすき間があいたりすることを「焼き縮み」と呼ぶ。生地が焼き縮むとかたい食感となり、本来、適量であるアパレイユの量が入らなくなってしまう。

　原因はいくつか考えられるが、生地を作る段階でバターの温度が上昇してしまったこと、練り過ぎ、生地をのばすときや敷き込むときの力のかけ方が不均一、などが生地の縮みにつながる。また、オーブンの温度が下がり、長い時間焼くことも焼き縮みの原因となる。オーブン温度の低下には、オーブンの扉の開閉も影響するので注意すること。

# Condé

コンデ

森本 慎

§

20歳ごろフランスで出合った菓子に、
フイユタージュ生地を使ったコンデがある。
フイユタージュ生地にグラス・ロワイヤルを塗って焼いたもので、
その手法から古い菓子と思われる。
フイユタージュ生地そのものを大きくアピールできる菓子として、
非常に印象に残っていたので、今回選んでみた。
僕の生地は、パート・フイユテ・オルディネール。
修業時代もずっとこのやり方だった。
パート・フイユテを作るときは、粉のグルテンを出してやるように、
そして、バターと粉を均一になるように混ぜてやることに注意。

## 材料 （5個分）

### ［パート・フイユテ］

デトランプ

| | |
|---|---|
| 強力粉 | 500g |
| 薄力粉 | 500g |
| 塩 | 20g |
| グラニュー糖 | 20g |
| 水 | 225g |
| 牛乳 | 225g |
| 溶かしバター | 100g |
| 無塩バター | 800g |

打ち粉　————————　適量
※分量は作りやすい量

### ［グラス・ロワイヤル］

| | |
|---|---|
| 粉糖 | 400g |
| 卵白 | 45g |
| レモンジュース | 10g |

※分量は作りやすい量

### ［クレーム・コンデ］

| | |
|---|---|
| クレーム・パティシエール | 100g |
| 牛乳 | 1000g |
| 卵黄 | 12個分 |
| グラニュー糖 | 240g |
| 強力粉 | 100g |
| 無塩バター | 100g |
| ヴァニラビーンズ | 1本 |

※分量は作りやすい量

| | |
|---|---|
| キルシュ | 5g |
| 板ゼラチン | 1枚 |
| クレーム・シャンティイ（8％加糖） | 100g |

| | |
|---|---|
| フランボワーズ | 5個 |

# 作り方

[パート・フイユテ]

1　デトランプを作る。強力粉、薄力粉、塩、グラニュー糖を混ぜ合わせる(a)。

2　水と牛乳を加え(b)、ミキサーで回す。

3　溶かしバターを加え(c)、粉気がなくなり、少しグルテンが出るまで回す(d)。

4　打ち粉をふった作業台の上におき、丸める。
※とじ目をしっかりと合わせ、表面を張らせる(e)

5　上面にナイフで十字に切れ目を入れ(f)、冷蔵庫で1時間休ませる。

6　折り込み用バターを叩いてのばし、四角くのばす(g)。

7　作業台に打ち粉をふってデトランプをおき、切れ目の部分を外側に広げる(h)。
※このとき、それぞれの部分で折り込み用バターを包めるぐらいまでのばす

8　デトランプの上にバターをおき、すき間をつくらないように包み(i)、パイシーターにかける。

9　三つ折りにしてパイシーターでのばし、90°回転させ、再度三つ折りにしてパイシーターでのばし、冷蔵庫で1時間休ませる。

10　9を3回繰り返す(j)。

11　10を4分割し、23〜24cm幅、厚さ3.5mmにのばす。

[グラス・ロワイヤル]

1　粉糖にレモンジュースを加える。

2　ミキサーで回しながら、卵白を3回にわけて加える(k)。

［クレーム・コンデ］

1 クレーム・パティシエールを作る。ヴァニラ
　ビーンズのさやを縦にさき、内側の種子をこ
　そげとる(l)。

2 銅ボウルに牛乳と1のヴァニラビーンズの種
　子とさやを入れ、沸かす(m)。

3 卵黄とグラニュー糖を、白っぽくなるまです
　り合わせる(n)。

4 3に強力粉を加える(o)。

5 4に2の牛乳を加え（p)、ヴァニラビーンズ
　のさやをとる。

6 銅ボウルに5を戻し、強火で一気に炊く(q)。

7 つやっとしてきたら、バターを加える(r)。

8 プラクなどに広げ(s)、ショックフリーザーで
　一気に冷やす。

9 8のクレーム・パティシエール、キルシュ、
　水でふやかしておいた板ゼラチンを加える
　(t)。

10 クレーム・シャンティイ（8%加糖）を加える
　(u)。

［組み立て］

**1** パート・フイユテにグラス・ロワイヤルを薄く塗る（v）。

**2** 11cm 幅の帯に切り、底辺 7.5cm の三角形に切る（w）。

**3** 冷蔵庫で少し休ませ（x）、160℃のオーブンで 30 〜 35 分焼成する（y）。途中、下火を切る。

**4** 焼き上がって、充分に冷めたら横半分に切る（z）。

**5** 星口金をつけた絞り袋にクレーム・コンデを入れ、土台となるパイの上にたっぷり絞り（a'）、上部のパイにも一カ所絞る（b'）。

**6** 上部のパイをのせ、フランボワーズをおく（c'）。

v

w

x

y

z

a'

b'

c'

# Poisson d'Avril

ポワソン・ダブリル

菅又亮輔

§

見ているだけで心がウキウキするポワソン・ダブリルは、
魚を模したサクサクのパイにクレーム・パティシエールと果物を詰めた、
キュートな菓子である。
使う生地は、パート・フイユタージュ。
できるだけかっちりした生地にして、折り畳んでいくのが大事だが、
まっすぐにはできない。
端を切って、折り目に入れるなどして、
できるだけ均等な長方形になるようにしている。
魚型には底と側面に該当するところと 2 枚必要だが、
このとき 90°ずらして型どるようにする。
そうすることで一定方向に傾かず、均一性のある膨らみにできるのだ。

## 材料 (3個分)

[パート・フイユテ]
ブール・ファリーヌ
　強力粉 ─────── 365g
　薄力粉 ─────── 20g
　発酵バター ───── 865g
デトランプ
　強力粉 ─────── 380g
　薄力粉 ─────── 380g
　塩 ───────── 35g
　発酵バター ───── 260g
　水 ───────── 345g
　酢 ───────── 6g
※分量は作りやすい量

打ち粉 ─────── 適量
ドリュール ───── 適量
粉糖 ─────── 適量

[クリーム]
クレーム・パティシエール ── 150g
　→ P.35 参照
クリームチーズ ───── 75g
生クリーム ─────── 25g

コンフィチュール・フランボワーズ
　→ P.191 参照 ─────── 適量
イチゴ、ラズベリー、ブルーベリー、
ブラックベリー（半割り） ─── 各適量
チョコレート（魚の目玉） ─── 6 個
ナパージュ、赤いナパージュ、
水あめ ──────── 各適量

## 作り方

### [パート・フイユテ]

**1** ブール・ファリーヌを作る。発酵バターを低速のミキサーで回し、角がとれたら、強力粉と薄力粉を加える(a)。

**2** まとまったらフィルムに包み、冷蔵庫で 10 時間休ませる。

**3** デトランプを作る。強力粉、薄力粉、塩を混ぜ合わせる。

**4** 1.5cm 角に切ったバターを加え、ミキサーで回す(b)。

**5** 酢と水を合わせて加え、ひとかたまりになるまで混ぜる(c)。

**6** 十字に切って広げ、フィルムに包み、冷蔵庫で休ませる(d)。

**7** ブール・ファリーヌを 2 倍の大きさにのばし(e)、デトランプをおき、空気が入らないように四隅を折り込む(f)。

**8** ひっくり返して、打ち粉をふったパイシーターで、7 〜 8mm の厚さにのばし四つ折りにし、90°回転させ 1 往復させたら、フィルムで包み、冷蔵庫で 10 時間休ませる(g)。

a

b

c

d

e

f

g

h

9 パイシーターで、1cm の厚さにのばし四つ
折りにし、90°回転させ 2 往復させたら、フィ
ルムで包み、冷蔵庫で 10 時間休ませる。

10 パイシーターで、1cm の厚さにのばし四つ
折りにし、端を落として、三つ折りにし、1
往復させたら、フィルムで包み、冷蔵庫で
10 時間休ませる。

※切り落とした端の生地は三つ折りの折り目に入れ
込む

11 パイシーターで 1 往復させ、90°回転させ、
3 ～ 3.5mm の厚さにのばす（h）。

12 作業台でたるみをとりながら生地をのばし、
ピケして、冷蔵庫で休ませる。

13 魚の形に切り取り（i）、底生地をピケする（j）。

14 生地が重なる部分に水（分量外）をつけ、
上の生地を貼り合わせ、冷蔵庫で 2 ～ 3 時
間休ませる（k）。

※側面を揃え、軽く押さえる

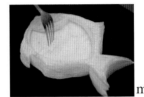

15 ドリュールを塗り、表面に模様をつける（l）。

16 160℃のオーブンで 10 分焼成する。

17 底をフォークで空気を抜き、160℃のオーブ
ンで 35 分焼成する（m）。

18 ふちに粉糖をふり（n）、190℃のオーブンで 4
～ 5 分カラメリゼする。

［クリーム］

1 クリームチーズをほぐし、クレーム・パティ
シエールを少量加えて混ぜ、クレーム・パティ
シエールに戻す（o）。

2 立てた生クリームを加える（p）。

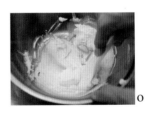
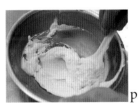

［組み立て］

1 12 番の丸口金をつけた絞り袋にクリームを
入れ、80g 絞り（q）、コンフィチュール・フラ
ンボワーズを 4 本絞る（r）。

2 イチゴをウロコに見立てておき、赤いナパー
ジュを塗る（s）。ブラックベリー、ブルーベ
リー、ラズベリーをおき、ナパージュを塗る。
裏に水あめをつけ、チョコレートの目玉をお
く（t）。

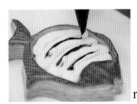

# Partie

# 4

# Pâte à Génoise

パータ・ジェノワーズ

ジェノワーズは、全卵を泡立てて作る共立て法のスポンジ生地。
卵を卵黄と卵白に分けて泡立てるよりも気泡量は少ないが、
しっとりときめの細かい生地になるのが特徴である。
卵を泡立てるときは、起泡力のよい人肌程度で作業する。
最後にバターを加えるが、このときの温度は 60℃が適温。
バターは生地に風味とコクを与えるために加える。
バターを最後に加えるのは、油脂には気泡をこわす性質があるからである。
そのため、バターを加えてからは手早く作業することを心がける。
バターは温度が低いと流動性がなくなり、生地に馴染みにくくなるので、
必ず溶かしバターにして加える。
ジェノワーズは、バタークリームなど濃厚なものと相性がよい。

# Fraisier Pistache

フレジエ・ピスターシュ

金子美明

§

ピスタチオはフランス人が好きな素材のひとつ。

ほかのナッツ類とは異なる独特の風味があり、

クリームに使うと緑色が鮮やかで美しい。

フレジエ・ピスターシュはそんなピスタチオの特徴を生かしたもので、

イチゴと相まって非常に華やぎのある菓子である。

ジェノワーズにもピスターシュプードルを加えている。

ざくっとした食感、ばさっとした趣の生地にするため、

薄力粉はフランスの「type45」を使用。

日本の粉の場合は挽きが細く、どうしても思うようなざっくり感が出ないのだ。

生地を作るときは、卵をしっかり立ててさらに中速で回す。

そして、粉を混ぜるときは、泡立てた卵の泡に粉をまぶしていくイメージで、

ある程度のグルテンを出すようにしている。

## 材料 （57 × 37cm のカードル 1 台分）

[パータ・ジェノワーズ・ピスターシュ]
（57 × 37cm のカードル 1 台分）

| | |
|---|---|
| 全卵 | 1231g |
| グラニュー糖 | 797g |
| 薄力粉 | 465g |
| ピスターシュプードル | 428g |
| 発酵バター | 264g |

[キルシュ・シロップ]

| | |
|---|---|
| シロップ（30°B） | 842g |
| キルシュ | 296g |

[クレーム・ムスリーヌ・ピスターシュ]

| | |
|---|---|
| クレーム・オ・ブール | 2400g |
| 水 | 195g |
| グラニュー糖 | 712g+45g |
| 全卵 | 250g |
| 卵黄 | 105g |
| 無糖バター | 1333g |
| ヴァニラペースト | 7g |
| ヴァニラリキッド | 13g |
| クレーム・パティシエール | 480g |
| 牛乳 | 350g |
| 卵黄 | 4 個分 |
| グラニュー糖 | 88g |
| 薄力粉 | 15g |
| コーンスターチ | 15g |
| 無塩バター | 35g |
| パート・ドゥ・ピスターシュ | 70g |
| アロマ・ピスターシュ | 48g |

[ムラング・イタリエンヌ]

| | |
|---|---|
| 水 | 100g |
| グラニュー糖 | 400g |
| 卵白 | 200g |

| | |
|---|---|
| イチゴ（M） | 300g+ 適量 |
| ナパージュ | 適量 |
| アプリコットのコンフィチュール | 適量 |
| ピスタチオ | 適量 |

## 作り方

[パータ・ジェノワーズ・ピスターシュ]

1 全卵とグラニュー糖を合わせ（a）、湯煎にかけ 40℃ぐらいに温める（b）。

2 1 をミキサーに入れ、高速で回し白っぽくなってきたら（c）、速度を落とし、しっかりと線が描けるぐらいになるまで回す（d）。

3 薄力粉とピスターシュプードルを合わせてふるい、2 に加える（e）。

4 バターを 60℃ぐらいまで温め（f）、3 を少し加えて馴染ませ（g）、3 に戻す（h）。

5 紙を敷いたカードルに生地を入れ、表面を平らにならす（i）。

6 170℃のオーブンで 17 ～ 18 分焼成する（j）。

a

b

c

d

e

f

g

h

## [キルシュ・シロップ]

1 シロップ（30° B）にキルシュを加える（k）。

## [クレーム・ムスリーヌ・ピスターシュ]

1 クレーム・パティシエールを作る。
　※作り方は P.71 参照（ラム酒とヴァニラビーンズの
　　プロセスを除く）

2 パート・ドゥ・ピスターシュとアロマ・ピスター
　シュを混ぜ合わせ、1のクレーム・パティシ
　エールを少し加えてのばし、1に戻す（l）。

3 クレーム・オ・ブールを作る。鍋に水とグラ
　ニュー糖 712g を入れ、118℃になるまで火
　にかける（m）。

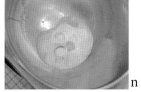

4 全卵、卵黄、グラニュー糖 45g、ヴァニラペー
　スト、ヴァニラリキッドをミキサーで泡立て
　る（n）。

5 3を4に少しずつ加える（o）。

6 5が冷めたら、ポマード状にしたバターを少
　しずつ加える。

7 1/3 程度入れて乳化したら、残りのバターを
　すべて加える（p）。
　※途中、ミキサーを外し、周りについたクリームを
　　おとす

8 7のクレーム・オ・ブールに2を少しずつ加
　える（q）。

［ムラング・イタリエンヌ］

1 鍋にグラニュー糖と水を入れ火にかけ、118℃まで温める（r）。

2 卵白を泡立て、1のシロップを少しずつ加え低速で泡立てながら（s）冷ます（t）。

［組み立て］

1 焼き上がったジェノワーズ・ピスターシュを半分に切り（u）、紙をはがす（v）。

2 1枚のジェノワーズは焼き面の焼き色のついた薄い層を取り除く（w）。

3 もう1枚のジェノワーズは、紙のあった面、焼き面をきれいに削り（x）、逆さにして1cmの厚さにスライスする（y）。

4 2をカードルに入れ（z）、キルシュ・シロップでアンビベする（a'）。

5 クレーム・ムスリーヌ・ピスターシュを絞り出す（b'）。
　※最初に四辺、そのあと間に線を重ねるように上面全体に絞る

6 ヘタをとったイチゴを並べる（c'）。

7 クレーム・ムスリーヌ・ピスターシュを、イチゴを覆うように全面に絞り（d'）、表面を平らにならす（e'）。

8 3をキルシュ・シロップで軽くアンビベし（f'）、アンビベした面を下にして7におく。
　※ジェノワーズを紙にのせ、板にスライドさせてのせ、ひっくり返しておく

9 軽く押さえ（g'）、キルシュ・シロップでアンビベする（h'）。

10 上面にムラング・イタリエンヌを広げ（i'）、バーナーで焼き色をつける（j'）。

11 温めたナパージュを塗る（k'）。

**12** カードルを外し、きれいに断面がみえるように 11cm の正方形に切る(l')。

**13** 半分にカットしたイチゴをのせ(m')、アプリコットのコンフィチュールをつけ、半分に切ったピスタチオを飾る(n')。

# Fruits aux Amandes

フリュイ・オ・ザマンド

藤生義治

§

ジェノワーズは、いわゆるスポンジ生地のことであり、
目が細かくしっとりした食感が持ち味である。
仕込むときのポイントとしては、卵の泡立て方につきるだろう。
しっかり空気を含ませ、充分に立てることが大事である。
そして、目いっぱい泡立ったあとも、さらに立てるようにする必要がある。
そうすることで、粉類を入れたときに、
生地を落ち着かせることができ、安定した生地になる。
この菓子では、小麦粉は中力粉を使用。
軽さを出すためにコーンスターチも加える。
ミックスフルーツやクルミがたっぷりと入り、
ジェノワーズを使う菓子としては、比較的リッチなものである。

## 材料 （8 × 35 × 5.5cm の角型 12 台分）

[パータ・ジェノワーズ]

| | |
|---|---|
| 全卵 | 485g |
| 卵黄 | 80g |
| グラニュー糖 | 250g |
| アーモンドプードル | 125g |
| 中力粉 | 125g |
| コーンスターチ | 60g |
| クルミ（刻んだもの） | 75g |
| 溶かしバター | 185g |
| ラム酒 | 60g |
| ヴァニラオイル | 3g |

[ガルニチュール]

| | |
|---|---|
| クレーム・ダマンド | 1100g |
| ミックスフルーツ | 1000g |

| | |
|---|---|
| パート・シュクレ | 適量 |

→ P.48 参照

## 作り方

[パータ・ジェノワーズ]

1 ボウルに全卵、卵黄、グラニュー糖を入れ、人肌に温めながら混ぜる（a）。

2 1 をミキサーで回し、立てる（b）。
※10 分まで立ったものをさらに立てて 8.5 分ぐらいまで落とす

3 アーモンドプードル、中力粉、コーンスターチ、クルミ（刻んだもの）を加える（c）。

4 溶かしバター、ラム酒、ヴァニラオイルを混ぜ（d）、3 に加える（e）。

[ガルニチュール]

1 クレーム・ダマンドにミックスフルーツを加え、混ぜ合わせる（f）。

［組み立て］

**1** パート・シュクレを作る。

**2** パート・シュクレをパイシーターで 3mm に
のばし、ピケする(g)。

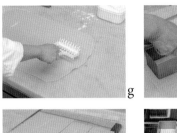

**3** 型の底辺よりもひとまわり大きくパート・シュ
クレを切り(h)、型で軽く押して溝を作る(i)。
※パート・シュクレは焼くと縮むので、大きめに切る

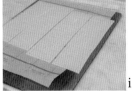

**4** パート・シュクレにつけた溝に型をおき、
180℃のオーブンで 10 分弱、うっすらと焼き
色がつく程度に空焼きにする(j)。
※型は焼成すると下まで下がるため、軽く入れ込む
　程度

**5** ガルニチュール 350g を絞り入れ、表面を平
らにならす(k)。

**6** ジェノワーズ 200 ～ 250g を入れ(l)、180℃
のオーブンで 45 分焼成する。

**7** 焼き上がったらすぐにナイフを入れ(m)、型
をはずし、パート・シュクレの余分な部分を
取り除く(n)。

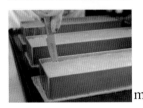

# Enfer des Anges

アンフェール・デ・ザンジュ

鮊澤信次

§

"アンフェール・デ・ザンジュ"とは、直訳すると
"天使の地獄"という意のユーモラスな菓子。
重みのあるオレンジ色が非常に印象的である。
ナパージュやトッピングだけでなく、アパレイユやシロップにもオレンジを効かせた。
オレンジの風味が存分に感じられる菓子である。
ジェノワーズにシロップをしっかり打ち、
さらにパート・ダマンドをベースとしたアパレイユを
2度はさむので、しっとりした味わいがある。
ジェノワーズを作るときは、
人間の体温よりやや高めの40℃の状態を保ちながら卵を泡立てること。
その際、中速でゆっくり立ち上げると、きめの細かい生地になる。

## 材料 （直径 15cm の丸型 6 台分）

［パータ・ジェノワーズ］
全卵—————————800g
グラニュー糖—————500g
薄力粉————————500g
溶かしバター—————120g

［オレンジ・シロップ］
シロップ（30° B）————500g
グランマルニエ————150g
オレンジジュース———200g

［アパレイユ・ダマンド］
パート・ダマンド———600g
無塩バター—————300g
グランマルニエ————50g
オレンジ・コンフィ（刻んだもの）
—————————100g
ムラング・イタリエンヌ—200g
卵白————————130g
グラニュー糖—————80g
水————————適量
→ P.53 参照

［パート・ダマンド］（ナパージュ用）
パート・ダマンド———1600g
卵白————————300g

ナパージュ（オレンジ色）——適量
オレンジ————————適量

## 作り方

［パータ・ジェノワーズ］

**1** ボウルに全卵、グラニュー糖を入れ、40℃程度の温度で温めながら混ぜる（a）。

**2** 1をミキサーで立てる（b）。

※最初、高速→中速で回し、ある程度立ってきたら低速で回す。低速で回すことできめの細かい生地になり、薄力粉を入れたときに生地がおちにくくなる

**3** ある程度たってきたら（c）薄力粉を加え混ぜる。

**4** 溶かしバターに3を少し加えて混ぜ（d）、3に戻して混ぜ合わせる（e）。

**5** 型に4を320g流し入れ（f）、指で混ぜて生地をならす（g）。

**6** 180℃のオーブンで30分焼成する。

**7** 焼き上がったら型から外して冷ます（h）。

［オレンジ・シロップ］

**1** 材料をすべてよく混ぜ合わせる。

［アパレイユ・ダマンド］

**1** ムラング・イタリエンヌを作る。

**2** パート・ダマンドにグランマルニエを加え(i)、ミキサーで回す。

**3** 常温に戻しておいたバターを少量ずつ加える(j)。

**4** オレンジ・コンフィ（刻んだもの）を加え、ムラング・イタリエンヌを加える(k)。

［パート・ダマンド］（ナパージュ用）

**1** パート・ダマンドに卵白を少し加え(l)ミキサーで回す。

**2** 卵白を数回に分けて加え、かたさを調節する(m)。

※途中、ミキサーを外し、周りについたパート・ダマンドをおとす

［組み立て］

**1** ジェノワーズを1cmの厚さに2枚、1.5cmの厚さに1枚スライスする(n)。

**2** ジェノワーズの上部を下にしておき、オレンジ・シロップをアンビベし、アパレイユ・ダマンドを外側から渦巻き状に絞る(o)。これを繰り返して順番に重ねていき、一番上のジェノワーズをオレンジ・シロップでアンビベして(p)、冷蔵庫で休ませる。

**3** パート・ダマンド（ナパージュ用）を表面に塗る。

**4** パレットナイフを中央に向かって入れ、上面をならして凹凸をつけ(q)、冷蔵庫に入れる。

※チョコレートのショーケースのようなところに一晩おいてもよい

**5** 240℃のオーブンに5～6分入れ、焼き色をつける(r)。

**6** 冷凍庫に入れる。

**7** バーナーで表面に焼き色をつける(s)。

**8** 7をグリルの上におき、ナパージュ（オレンジ色）を塗る(t)。

**9** 薄皮をとったオレンジ8個を飾る(u)。

# Marquise

マルキーズ
森本 慎

§

ジェノワーズは、パティシエの好みが出やすい生地である。
ふわっと焼き上げたいか、しっとりさせたいか、それによって粉の合わせ方が変わる。
僕の場合は、やわらかくしっとりしたタイプに焼く。
そのためにはキメの細かい生地を作る必要がある。
粉を混ぜるときに、泡立てた卵の気泡が落ちないように、
しっかり気味に合わせるようにしている。
そうして作ったジェノワーズで仕上げたのがマルキーズ。
チェリーの甘みと酸味が心地よい菓子である。
表面の白とピンクの色合いもかわいらしい。

## 材料 （直径 12cm の丸型 1 台分）

[パータ・ジェノワーズ]
（直径 12cm の丸型 3 台分）

| | |
|---|---|
| 全卵 | 180g |
| グラニュー糖 | 150g |
| 薄力粉 | 120g |
| 牛乳 | 40g |
| 溶かしバター | 30g |

[グリオット・コンポテ]

| | |
|---|---|
| グリオットチェリー | 200g |
| グラニュー糖 | 80g |
| キルシュ | 6g |

[クレーム・マルキーズ]
クレーム・オ・ブール・ア・ラングレーズ

| | |
|---|---|
| | 50g |
| グラニュー糖 | 240g+204g+186g |
| 水 | 75g |
| 卵白 | 120g |
| 牛乳 | 360g |
| ヴァニラビーンズ | 0.6 本 |
| 卵黄 | 300g |
| 無塩バター | 1200g |

※分量は作りやすい量

| | |
|---|---|
| クレーム・パティシエール | 100g |
| → P.86 参照（クレーム・コンデ内） | |
| キルシュ | 5g |

[グラサージュ・フランボワーズ]

| | |
|---|---|
| グラサージュ・ヌートル | 120g |
| フランボワーズ・ピューレ | 30g |

※分量は作りやすい量

[プララン]

| | |
|---|---|
| グラニュー糖 | 500g |
| 水 | 150g |
| アーモンドプードル | 250g |

※分量は作りやすい量

| | |
|---|---|
| グラサージュ・ヌートル | 適量 |
| グラス・ロワイヤル | 適量 |
| → P.85 参照 | |
| クレーム・シャンティイ | 適量 |

## 作り方

[パータ・ジェノワーズ]

**1** ボウルに全卵、グラニュー糖を入れ、40℃程度の温度で温めながら混ぜる（a）。

**2** 1 をミキサーで立てる（b）。

**3** もったりとし "8" の字が描けるようになったら、薄力粉を加える。

**4** 牛乳と溶かしバターを 3 に加える（c）。
※粗い気泡をつぶし、つやっとさせる

**5** 型に流し入れ（d）、180℃のオーブンで 20 分焼成する。

**6** 焼き上がったら型から外し、逆さにして冷ます（e）。

［グリオット・コンポテ］

1 鍋にグリオットチェリーとグラニュー糖を入れ火にかけ、グラニュー糖が溶けるまでかき混ぜる(f)。

2 粗熱がとれたらキルシュを加える(g)。

［クレーム・マルキーズ］

1 クレーム・オ・ブール・ア・ラングレーズを作る。まず、ムラング・イタリエンヌを作る。鍋にグラニュー糖240gと水を入れ火にかけ、117℃まで温める。

2 卵白を泡立て、1のシロップを少しずつ加えながらさらに泡立てる(h)。

3 ヴァニラビーンズのさやを縦にさき、内側の種子をこそげとる。

4 鍋に牛乳、グラニュー糖204g、3のヴァニラビーンズの種子とさやを入れ、沸かす。

5 卵黄とグラニュー糖186gを、白っぽくなるまですり合わせる(i)。

6 5に4を加え（j)、鍋に戻して強火で絶えずかき混ぜる(k)。

7 ぽこぽこいってきたら火からおろし、ヴァニラビーンズのさやをとる。

8 ミキサーで回し、粗熱がとれたら(l)、常温に戻しておいたバターを一度に加える(m)。

9 2のムラング・イタリエンヌを一度に加える(n)。

※全体が混ざったらOK

10 クレーム・パティシエールにキルシュを加える。

11 9のクレーム・オ・ブール・ア・ラングレーズ50gを10に加える(o)。

［グラサージュ・フランボワーズ］

1 材料をよく混ぜ合わせる。

### ［プララン］

1 鍋にグラニュー糖と水を入れて火にかけ、130℃まで温める（p）。

2 アーモンドプードルを加え、底から絶えずかき混ぜる（q）。

※だんだんと結晶化してくる

3 ある程度カラメル色になったら火からおろし、かき混ぜる（r）。

4 ボウルに移して、ゆする。

※比重の関係で粒の大きいものが上にあがってくる（s）

5 粒の大きいものを取り出し、つぶして（t）ボウルに戻す。

### ［組み立て］

1 グリオット・コンポテのシロップを切る（u）。

2 ジェノワーズを1cmの厚さに3枚スライスする（v）。

3 土台のジェノワーズに1のシロップをアンビベし（w）、クレーム・マルキーズを広げ（x）、グリオット・コンポテ（6粒とっておく）を散らし（y）、クレーム・マルキーズを広げ、表面をならす（z）。

4 アンビベした面を下にしてジェノワーズをおき（a'）、アンビベしてクレーム・マルキーズを広げ（b'）、グリオット・コンポテを散らし、クレーム・マルキーズを広げて表面をならす（c'）。

5 アンビベした面を下にしてジェノワーズをおき、残ったクレーム・マルキーズを表面に塗り、平らにならして（d'）冷蔵庫で冷やしかためる。

6 グラサージュ・ヌートルを上面に塗る（e'）。

7 グラサージュ・フランボワーズをコルネに入れ、中心から8つの輪を描く（f'）。

8 グラス・ロワイヤルをコルネに入れ、7のグラサージュ・フランボワーズの溝に7つの輪を描く（g'）。

9 竹串で中心から8本の線を放射線状に描く。その間をふちから中心に向かって8本の線を描く(h')。

10 側面にプラランをまぶす(i')。

11 星口金をつけた絞り袋にクレーム・シャンティイを入れて上面に6カ所に絞り出し、その上にとっておいたグリオット・コンポテをおく(j')。

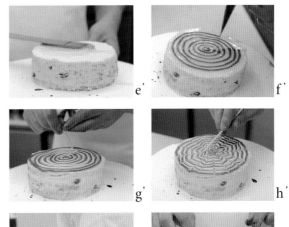

# Gâteau Moka

ガトー・モカ

菅又亮輔

§

文字どおり、コーヒー風味のケーキ。

生地もクリームもアンビバージュもコーヒー風味にして、

一口でコーヒー風味といえど、重層的な味わいにしている。

ビスキュイ・カフェを作るときは、

卵と砂糖をもったりするまで、しっかり泡立てることが肝要だが、

材料を 40 ～ 45℃に保つようにする。

そうしないと立ちが悪くなるからだ。

途中で加える溶かしバターとコーヒーエキスも同様。

材料を一定の温度にすることで、うまい具合に混ざる。

菓子を作るときのポイントは分量をきっちり計ること、

そして温度で状態を確認することが重要と考えている。

## 材料 (78 個分)

[ビスキュイ・カフェ]
（58 × 37.5cm のカードル 2 枚分）
全卵 ──────── 765g
卵黄 ──────── 85g
グラニュー糖 ──── 385g
トレハロース ──── 60g
薄力粉 ─────── 380g
溶かしバター ──── 130g
コーヒーエキス
　インスタントコーヒー ── 20g
　湯 ─────── 20g

[アンビバージュ・カフェ]
　インスタントコーヒー ── 35g
　シロップ (30° B) ──── 450g
　湯 ─────── 35g
　キルシュ ───── 15g

[クレーム・オ・ブール]
無塩バター ───── 835g
ムラング・イタリエンヌ
　卵白 ─────── 110g
　グラニュー糖 ── 220g+20g
　水 ─────── 75g
ソース・アングレーズ
　牛乳 ─────── 200g
　グラニュー糖 ── 210g
　卵黄 ─────── 155g
※分量は作りやすい量

[ムスリーヌ・カフェ]
クレーム・オ・ブール ── 1540g
クレーム・パティシエール ── 950g
　→ P.35 参照
コーヒーエキス
　インスタントコーヒー ── 25g
　湯 ─────── 25g
トラブリ ────── 6.5g

[シャンティ・ショコラブラン]
ショコラブラン ──── 330g
生クリーム(35%) ── 220g+600g
水あめ ─────── 24g
トリモリン ────── 24g
ゼラチン ─────── 6g
コーヒーエキス
　インスタントコーヒー ── 6g
　湯 ──────── 6g

[シャンティ・カフェ]
生クリーム(35%) ── 200g
きび砂糖 ─────── 15g
ヴァニラエッセンス ── 1g
コーヒーエキス
　インスタントコーヒー ── 1g
　湯 ──────── 1g

チョコレートプレート(2.5×10cm) ── 適量

## 作り方

[ビスキュイ・カフェ]

**1** ボウルに全卵、卵黄、グラニュー糖、トレハロースを入れて 40 〜 45℃ まで温める(a)。

**2** ミキサーに移し、もったりするまで泡立てる(b)。

**3** シノワで漉し、薄力粉を加える(c)。

**4** 溶かしバター、インスタントコーヒーと湯を合わせたコーヒーエキスを加える(d)。

**5** カードルに 900g ずつ流し入れ、表面を平らにならす(e)。

**6** 185℃ のオーブンで 12 分焼成する。

a

b

c

d

e

［アンビバージュ・カフェ］

1 インスタントコーヒーを湯で溶かす。

2 シロップを加える(f)。

3 キルシュを加える(g)。

［クレーム・オ・ブール］

1 ムラング・イタリエンヌを作る。鍋にグラ
ニュー糖220gと水を入れ、116℃まで温め
る。

2 卵白とグラニュー糖20gを泡立て、1のシロッ
プを少しずつ加えながら(h)、つやが出るま
でさらに泡立てる(i)。

3 ソース・アングレーズを作る。ボウルに卵黄
とグラニュー糖を入れて、火にかける。

4 沸騰する直前に牛乳を入れ(j)、とろみが出
るまで弱火で炊く(k)。

5 シノワで漉し(l)、ミキサーに入れ、45℃に
なるまで回して、空気を含ませる(m)。

6 バターを加え、ゆっくりと混ぜる(n)。

7 2のムラング・イタリエンヌを加えて混ぜる
(o)。

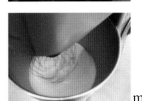

［ムスリーヌ・カフェ］

1 クレーム・オ・ブールを220℃にして泡立て
る(p)。

2 インスタントコーヒーを湯で溶かしたコー
ヒーエキス、トラブリを順番に加える(q)。

3 クレーム・パティシエールを22℃にし、1に
加え、完全につながる手前でミキサーから
外す(r)。

［シャンティ・ショコラブラン］

1　鍋に生クリーム 220g、水あめ、トリモリンを
　入れて沸騰させる。

2　ゼラチンを加える。

3　ショコラブランを加えて混ぜ溶かす。

4　40℃になったら、生クリーム 600g、インス
　タントコーヒーを湯で溶かしたコーヒーエキ
　スを順番に加え、一晩休ませる（s）。

5　シノワで漉す。


［シャンティ・カフェ］

1　鍋に生クリーム、きび砂糖、ヴァニラエッセ
　ンスを合わせて立て、一晩休ませる。

2　ビーターでしっかり立て、インスタントコー
　ヒーを湯で溶かしたコーヒーエキスを加え
　て、泡立てる。

［組み立て］

1 ビスキュイ・カフェの表面を平らに削り（t）、
アンビバージュ・カフェを 265g 打つ（u）。

2 ムスリーヌ・カフェを 1250g 塗り（v）、焼き面
を下にしてビスキュイ・カフェを重ね、上か
ら押さえる（w）。

3 アンビバージュ・カフェを 265g 打ち（x）、ム
スリーヌ・カフェを 1250g 塗る（y）。

4 冷凍庫で冷やし固める。

5 9cm 幅に切り、2.5cm に切り分ける（z）。

6 シャンティ・ショコラブランをしっかり泡立
てる（a'）。

7 1cm の丸口金をつけた絞り袋にシャンティ・
ショコラブランを入れ、5 の上面に 2 本絞り
出す（b'）。

8 チョコレートプレートをおく（c'）。

9 星口金をつけた絞り袋にシャンティ・カフェ
を入れ、4 個絞り出す（d'）。

t

u

v

w

x

y

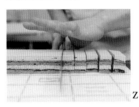
z

a'

b'

c'

d'

# Partie
# 5

## Pâte à Biscuits
### パータ・ビスキュイ

卵を卵黄と卵白の別々で泡立てる、別立て法で作るスポンジ生地。

ビスキュイ生地は、よく膨らんでいるのが特色。

きめはやや粗く、さっくりとした食感をもつ。

一般的には、卵白を角が立つまでしっかり泡立て、

別に泡立てた卵黄と合わせ、粉を加えて作る。

卵は、全卵よりも卵白だけの方がかたく泡立ち、

気泡がこわれにくく、適度なかたさの生地になる。

そのため、絞り出して焼くことも可能。

ビスキュイ生地は、シロップを打つことで、より味わい深くなる。

単に菓子の土台としてだけでなく、香りや味わいを演出する要素にもなる。

シロップを打つ場合は、焼き上がりが多少パサパサしていても、

生地がシロップをしっかり吸うのでさほど気にしなくてよい。

# Opéra au Thé

オペラ・オ・テ

金子美明

§

オペラは、いわゆる伝統菓子とは違うが、パリの菓子屋で生まれ長年親しまれている、

フランスらしい菓子である。使う生地は、ビスキュイ・ジョコンド。

ジョコンドは、細かく落ち着いた生地であるのが、僕のイメージ。

ビスキュイ生地を作るときは、温度に注意する必要がある。

全卵は 42 〜 45℃で立てること。

そして、加えるバターは 60℃と温め過ぎないようにする。

ビスキュイ・ジョコンドのようにアーモンドの入る生地は、

できあがった生地がやや生温かいとよい。

このオペラはアールグレイの紅茶風味だが、

フランス菓子の軸がぶれないためには、

ここまでが応用できる限界かなと思っている。

## 材料 （60×40×高さ2cmのカードル1台分）

[ビスキュイ・ジョコンド・ノワゼット]
（60×40cmのカードル3枚分）

| | |
|---|---|
| 全卵 | 450g |
| タンプルタン | 675g |
| 薄力粉 | 90g |
| 卵白 | 295g |
| グラニュー糖 | 45g |
| 発酵バター | 68g |
| アールグレイ（茶葉） | 15g |

[アールグレイ・シロップ]

| | |
|---|---|
| 紅茶濃縮液（自家製） | 490g |
| 水 | 1000g |
| アールグレイ（茶葉） | 200g |
| シロップ（30°B） | 612g |
| コニャック | 61g |
| 紅茶濃縮液（市販） | 37g |

[クレーム・オ・ブール・オ・テ]

| | |
|---|---|
| 無塩バター | 555g |
| 牛乳 | 225g |
| アールグレイ（茶葉） | 23g |
| 卵黄 | 125g |
| グラニュー糖 | 125g |

[ガナッシュ・オ・テ]

| | |
|---|---|
| 生クリーム（35%） | 182g+適量 |
| 水 | 59g |
| アールグレイ（茶葉） | 17g |
| トリモリン | 35g |
| セミスイート・チョコレート（黒） | 294g |
| 無塩バター | 59g |

[グラサージュ・ミロワール]

| | |
|---|---|
| 水 | 250g |
| グラニュー糖 | 416g |
| ココアパウダー | 166g |
| 生クリーム（35%） | 250g |
| 板ゼラチン | 25g |

| | |
|---|---|
| パータ・グラッセ・ノワール | 120g |
| 粉糖 | 適量 |
| 金箔 | 適量 |

## 作り方

[ビスキュイ・ジョコンド・ノワゼット]

1 全卵を湯煎にかけて温める（a）。

2 1をミキサーに入れ、タンプルタンに薄力粉を合わせたものを入れて回す（b）。

3 卵白にグラニュー糖を加え、泡立てる（c）。
※しっかり立てる必要はない

4 2が白っぽくなりふわっとしてきたら、ミキサーからおろし、粉砕したアールグレイを加える（d）。

5 3のメレンゲを加える（e）。

6 60℃に温めたバターを加える（f）。

7 シルパットをおいたカードルに生地を入れ、表面を平らにならす。
※L字パレットでならしたあと、バールで一往復させ、気泡を落ち着かせる（g）

8 カードルを外し、220℃のオーブンで18分焼成する（h）。

a

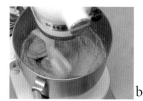
b

c

d

e

f

g

h

[アールグレイ・シロップ]

1 紅茶濃縮液（自家製）を作る。鍋に水を入れ火にかける。

2 沸騰したら火を消し、アールグレイを入れて混ぜ（i）、ふたをして5分ほど抽出する。

3 抽出液を、ぎゅっと搾りながら漉す（j）。
※甘みのあるものに加えるので、渋みが出てもよい

4 3にシロップ（30°B）、コニャック、紅茶濃縮液（市販）を加える（k）。

[クレーム・オ・ブール・オ・テ]

1 鍋に牛乳を入れ火にかける。

2 沸騰したら火を消し、アールグレイを入れて混ぜ（l）、ふたをして5分ほど抽出する。
※茶葉が開きづらいので、先に水でふやかしておく

3 抽出液を、ぎゅっと搾りながらこす（m）。
※甘みのあるものに加えるので、渋みが出てもよい

4 3を鍋に入れて沸騰させる（n）。

5 卵黄とグラニュー糖をすり合わせる（o）。

6 5に4を少し加えて馴染ませ（p）、4に戻して82℃まで温める（q）。

7 裏ごして（r）、ミキサーで回しながら冷ます（s）。
※白っぽくもったりしてきて、温度を感じなくなった状態が目安

8 ポマード状にしたバターを少しずつ加える（t）。
※1/3程度入れたときに乳化するのがよい状態。はじめの乳化をなるべく早い段階で作っておくこと。そうすればあとは乳化していく

［ガナッシュ・オ・テ］

1 鍋に水を入れ火にかける。

2 水が沸騰したら火を消し、アールグレイを
　入れて混ぜ（u）、ふたをする。

3 別の鍋に生クリームを入れ火にかけ、沸騰
　したら2に加え（v）、ふたをして5分ほど抽
　出する。

4 抽出液をぎゅっと搾りながら漉し（w）、生ク
　リーム（分量外）を加えて200gに戻す（x）。

5 トリモリンを加え、火にかける（y）。

6 火からおろし、湯煎で溶かしたチョコレート
　に加え、乳化させる（z）。

7 45℃になったらハンドブレンダーで回し
　（a'）、ポマード状にしたバターを2回ぐらい
　に分けて加え混ぜる（b'）。
　※ハンドブレンダーで回し、乳化を強める

［グラサージュ・ミロワール］

1 鍋に水と2/3量程度のグラニュー糖を入れ
　（c'）、火にかける。

2 少し温まったら、残りのグラニュー糖とココ
　アパウダーを合わせて（d'）、加える。
　※このとき、とろっとした状態になる（e'）

3 生クリームを加え、絶えず混ぜる（f'）。

4 しっかりと火が通ったら、水でふやかしてお
　いた板ゼラチンを加える（g'）。

5 裏ごしし、ハンドブレンダーで回す（h'）。

［組み立て］

1　ビスキュイをカードルに合わせて三等分に切る（i'）。

2　湯煎でやわらかくしたパータ・グラッセ・ノワールを、ビスキュイの裏面の方（焦げ目のついている方）に塗る（j'）。

3　パータ・グラッセが乾いたら、粉糖をふり、手ですりこませる（k'）。

4　粉糖をすりこませた面を下にして、カードルにビスキュイを入れ、アールグレイ・シロップを1/3量程度アンビベする（l'）。

5　クレーム・オ・ブール・オ・テ225gを入れてならす（m'）。
　　※水分の上に油分を塗るため、滑らないよう、押さえつけるようにしてクレームを密着させる

6　もう1枚のビスキュイを、焼き面を下にして5におき、上から押さえる（n'）。

7　アールグレイ・シロップを1/3量程度アンビベする（o'）。

8　ガナッシュ・オ・テを入れ、表面を平らにならす（p'）。

9　最後の1枚のビスキュイを、焼き面を下にして8におき（q'）、上から押さえる。

10　アールグレイ・シロップを1/3量程度アンビベする（r'）。

11　クレーム・オ・ブール・オ・テで表面を覆い、平らにならし（s'）、冷蔵庫で一晩休ませる。
　　※ナイフを温めてならすときれいに仕上がる

12　カードルを外し、11.4cm幅に切る（t'）。

13　グリルにおき、ブレンダーで滑らかにしたグラサージュ・ミロワールをかけ（u'）、パレットナイフで一往復させて表面を平らにならす（v'）。

14　表面が乾いたら3cm幅に切り（w'）、コルネに入れたグラサージュ・ミロワールで線を描き（x'）、金箔を飾る。

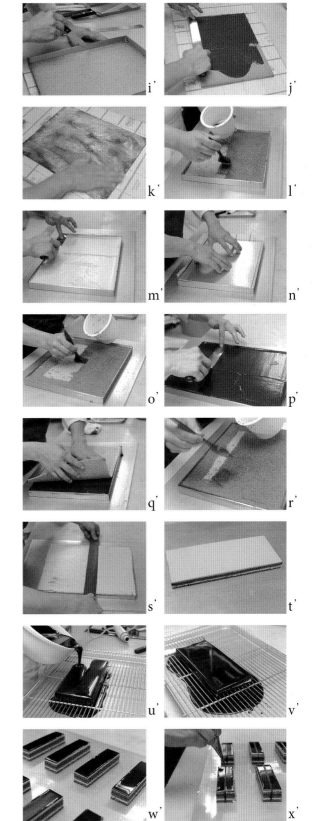

# Gâteau Lacam

ガトー・ラカム

藤生義治

§

別立てのビスキュイは、バリエーションも多く、
菓子屋にとって作る機会の多い生地である。
この菓子もそうだが、ビスキュイ・ジョコンドなど、
材料にアーモンドプードルを使うものも多い。
アーモンドは、ご存知のように油脂を多く含む食品である。
そのため、とりわけ鮮度に気をつける。いくら新しいものでも、
べたついて油が回っているものは使わないようにしている。
そして、タンプルタンとして加えるときは、
粉糖と同じぐらいの細かさにすることで、生地に合わせやすくする。
ガトー・ラカムは、フランスの古典菓子の定番。
生地に上新粉を、グラスにアニゼットを使うことが特徴である。

## 材料 （230g 分割 4 台分）

| | |
|---|---|
| アーモンドプードル | 125g |
| グラニュー糖 | 150g+38g |
| 全卵 | 110g |
| 卵黄 | 80g |
| 卵白 | 140g |
| 上新粉 | 90g |
| ヴァニラビーンズ | 1/3 本 |
| アニゼット | 35g |
| アマレット | 35g |
| 溶かしバター | 188g |

［グラス］

| | |
|---|---|
| 粉糖 | 適量 |
| アニゼット | 適量 |

## 作り方

### ［グラス］

1 材料をよく練り合わせる(a)。

a

### ［組み立て］

1 ヴァニラビーンズのさやを縦にさき、内側の
種子をこそげとり、アニゼット、アマレット
と合わせておく(b)。

b

c

2 アーモンドプードルとグラニュー糖 150g を
混ぜ、ミキサーに入れる(c)。

3 全卵、卵黄を混ぜ、加える(d)。
※最初に半分程度入れ、生地がたってきたら、残り
半分を入れる

d

e

4 メレンゲを作る。卵白を立て、泡立ってきた
らグラニュー糖 38g を加え、さらに泡立てる
(e)。
※ピンと角が立つ手前まで立てる

f

g

5 溶かしバターに1のアニゼットとアマレット
を合わせたものを入れ(g)、5に加える(h)。

6 上新粉とメレンゲを加える(i)。

7 型に入れ（j)、180℃のオーブンで 30 ～ 35
分焼成する。

h

i

8 焼き上がって熱がとれたら、冷凍するぐらい
まで冷やす。

7 グラスを塗る(k)。

8 200℃のオーブンに 1 分入れ、表面のグラス
を乾かす(l)。

j

k

l

# Dacquoise Café

ダックワーズ・カフェ

鰺澤信次

§

ビスキュイ生地では、ビスキュイ・ダックワーズを選んだ。

ダックワーズは、日本ではガトー・セックのひとつとして、

小ぶりなサイズのものをよく見るが、フランスではこういう大きなものが作られる。

ダックワーズ生地独特の軽い食感ながら、

コーヒーを効かせたバタークリームとブランデー・レーズンが入ることで、

コクがあり、食べ応えも充分な菓子である。

生地を作るポイントは、

泡立てた卵白に粉類を合わせるときのタイミングに気をつけること。

軽い生地のため流れやすいので、しっかり気味にきちんと合わせるようにしたい。

## 材料 <small>(直径 15cm の丸型 3 台分)</small>

[ビスキュイ・ダクワーズ]（12 枚分）
- 卵白 ———————— 560g
- グラニュー糖 ———— 195g
- 乾燥卵白 ——————— 20g
- アーモンドプードル —— 340g
- 粉糖 ————— 120g+ 適量
- 薄力粉 ——————— 110g

[クレーム・オ・ブール・オ・カフェ]
- クレーム・パティシエール　252g
- 牛乳 ———————— 147g
- ヴァニラビーンズ ——— 1/2 本
- 卵黄 ———————— 105g
- グラニュー糖 ———— 105g
- 無塩バター —————— 420g
- コーヒーリキッド ——— 40g

- ブランデー・レーズン ——— 約150g
- 粉糖 ————————— 適量

## 作り方

[ビスキュイ・ダクワーズ]

**1** 卵白をミキサーで回し、立ってきたらグラ
ニュー糖と乾燥卵白を加え、ピンと角が立
つまで立てる(a)。

**2** アーモンドプードル、粉糖 120g、薄力粉を
一緒にふるって混ぜ(b)、1 に加える(c)。
※素早く、かつ、混ぜ残しがないようにきちんと混
ぜること

**3** 天板に紙を敷き、直径 15cm のタルトリング
をおく(d)。

**4** 2 のビスキュイ・ダクワーズを入れて表面を
きれいにならし、中央を少しくぼませる(e)。
※中央は膨らみやすいため

**5** タルトリングの内側に竹串を入れ(f)、タル
トリングを外す(g)。

**6** 粉糖を 2 回ふる(h)。
※1 回目にふった粉糖が溶け始めたら、2 回目の粉
糖をふる

**7** 180 ～ 190℃のオーブンで 20 分焼成する(i)。

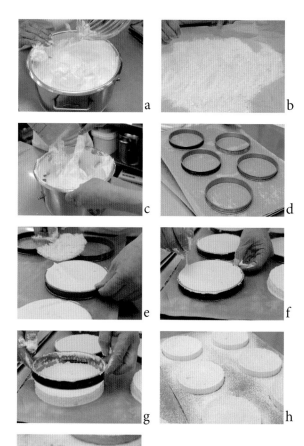

［クレーム・オ・ブール・オ・カフェ］

**1** ヴァニラビーンズのさやを縦にさき、内側の種子をこそげとる。

**2** 鍋に**1**のヴァニラビーンズの種子とさや、牛乳を入れ火にかける（j）。

**3** ボウルに卵黄とグラニュー糖を入れ（k）、すり合わせる。

**4** **3**に**2**を少量入れて馴染ませ（l）、**2**の鍋に戻して82℃まで温め（m）、煮えるか煮えないかのタイミングで火からおろす。

**5** 目の細かいシノワで漉し（n）、クレーム・パティシエールを加えてミキサーで回す（o）。

**6** 粗熱がとれ28℃ぐらいになったら、常温に戻しておいたバターを加え（p）、乳化させる。

**7** コーヒーリキッドを加える（q）。

［組み立て］

**1** 12番丸口金をつけた絞り袋にクレーム・オ・ブール・オ・カフェを入れ、土台となるダクワーズ・カフェに、ふちは丸く、その内側はうずまき状に300g絞る（r）。

**2** ふちの部分のクレーム・オ・ブール・オ・カフェのすき間にブランデー・レーズンを入れ（s）、丸く絞ったクレーム・オ・ブール・オ・カフェの上からブランデー・レーズン50gを散らす（t）。

**3** ダクワーズ生地をおき（u）、上面に粉糖をふる（v）。

# Fraisier

フレジエ
森本 慎

§

フレジエは、分かりやすくいえばイチゴのケーキ。
日本の洋菓子店では、生クリームを使った軽やかなタイプが一般的だが、
フランス菓子の場合は、バタークリームを用いた食べ応えのあるもの。
イチゴの季節に作られるので、春から初夏の限定アイテムである。
僕の場合は、生地はビスキュイ。
ビスキュイ生地にはタンプルタンを加え、存在感のある味わいにした。
メレンゲと合わせるときは、なるべく少ない回数で合わせ、
メレンゲの泡をつぶさないようにしている。
フレジエは定番の菓子だが、
フランボワーズで作る同じような菓子にフランボワジエもある。

## 材料 (4個分)

[ビスキュイ・フレジエ]
(60 × 40cm シート 1 枚分)

| | |
|---|---|
| 卵黄 | 135g |
| タンプルタン | 150g |
| 卵白 | 262g |
| グラニュー糖 | 112g |
| 薄力粉 | 100g |
| コーンスターチ | 62.5g |
| 溶かしバター | 37g |

[クレーム・ムスリーヌ]
　クレーム・オ・ブール

| | |
|---|---|
| 卵白 | 100g |
| グラニュー糖 | 200g |
| 水 | 適量 |
| 無塩バター | 300g |
| クレーム・パティシエール | 120g |

→ P.86 参照 (クレーム・コンデ内)

| | |
|---|---|
| キルシュ | 3g |

[キルシュ・シロップ]

| | |
|---|---|
| グラニュー糖 | 100g |
| 水 | 100g |
| キルシュ | 10g |

[グラサージュ・フランボワーズ]
→ P.111 参照

| | |
|---|---|
| イチゴ (M) | 1 パック |
| ナパージュ | 適量 |
| ブルーベリー | 4 粒 |

## 作り方 (P21 の完成写真と違うサイズで製作)

[ビスキュイ・フレジエ]

1 卵黄とタンプルタンをミキサーで、白っぽく
なるまで回す(a)。

2 ムラングを作る。卵白を泡立て、グラニュー
糖を加え、ピンと角が立つまで立てる(b)。
※素早く、かつ、混ぜ残しがないようにきちんと混
　ぜること

3 1にムラングを少し入れ、一気に合わせる
(c)。

4 2のムラングに3を加え、混ぜながら、一緒
にふるった薄力粉とコーンスターチを加える
(d)。

5 溶かしバターを加える(e)。
※粉気がなくなれば OK

6 シートに流し入れ、表面を平らにならす(f)。

7 180℃のオーブンで約 10 分焼く(g)。

a

b

c

d

e

f

g

[キルシュ・シロップ]

1 鍋にグラニュー糖と水を入れ、火にかけ、
沸騰したら火からおろし、キルシュを加える。

［クレーム・ムスリーヌ］

1 クレーム・オ・ブールを作る。鍋にグラニュー糖と浸る程度の水を入れて火にかけ、117℃まで温める（h）。

2 卵白を泡立て、1のシロップを少しずつ加えながらさらに泡立てる（i）。

3 粗熱がとれたら、常温に戻しておいたバターを加える（j）。
※バターを角切りにしておくと、作業性が高い

4 バターがしっかりと混ざり、乳化した状態になったら、ミキサーから外す（k）。

5 クレーム・パティシエールにキルシュを加え、4に加える（l）。

 h
 i
 j
 k
 l

［組み立て］

1 ビスキュイ・フレジエを6cm幅に切り（m）、さらに半分に切る。

2 土台のビスキュイ・フレジエを6×20cmのカードルに入れ、キルシュ・シロップをアンビべする（n）。

3 クレーム・ムスリーヌを広げ（o）、イチゴ（4個とっておく）を敷き詰める（p）。

4 クレーム・ムスリーヌ（飾り用に少しとっておく）を広げ（q）、ビスキュイ・フレジエをのせ、キルシュ・シロップをアンビべする（r）。

5 上部に残りのクレーム・ムスリーヌを薄く塗り（s）、冷蔵庫で冷やしかためる。

6 カードルから外し、上面にグラサージュ・フランボワーズを比較的多めに塗る（t）。

7 イチゴの断面を出すように端を切り落とし、5cm強の長さに切る（u）。
※ナイフをバーナーに当てながら、断面を出すように切り分ける

8 上面にナパージュを塗ったイチゴ、ブルーベリーを飾る（v）。

 m
 n
 o
 p
 q
 r
 s
 t
 u
 v

# Pain de Gênes Erable

パン・ド・ジェンヌ・エラブル
菅又亮輔

§

クラシックなケーキに分類されるものに、
マルグリット（マーガレット）型で焼く、その名もマルグリットがある。
このケーキはアーモンドを使うのが特徴で、
確かに、パン・ド・ジェンヌの生地にはアーモンドプードルを、
アーモンドアッシェも散らして作るが、
メープルの風味も加えたのがこの菓子だ。
生地とシロップにメープルシュガーを使うことで、
ナチュラルな風味、コクとまろやかさが加わった。
一見シンプルに見える菓子だが、
どういう菓子を目指すかで、材料を工夫する。
そのことで深みのある味わいになり、食べ飽きない。

## 材料 (直径17cmのマルグリット型5台分)

[パン・ド・ジェンヌ]

| | |
|---|---|
| 全卵 | 160g |
| 卵黄 | 60g |
| 卵白 | 100g |
| グラニュー糖 | 55g+80g |
| メープルシュガー | 65g |
| カソナード | 20g |
| アーモンドプードル | 125g |

| | |
|---|---|
| 薄力粉 | 60g |
| 強力粉 | 60g |
| 溶かしバター | 100g |
| ヴァニラエッセンス | 3g |
| アーモンドアッシェ(16割) | 適量 |

[シロップ]

| | |
|---|---|
| 水 | 65g |
| 上白糖 | 35g |
| ハチミツ | 25g |
| 水あめ | 15g |
| メープルシュガー | 55g |
| 無塩バター | 185g |
| | |
| グラニュー糖 | 適量 |

## 作り方

[パン・ド・ジェンヌ]

1 型にバター(分量外)を塗り(a)、アーモンドアッシェをまぶす(b)。

2 鍋に全卵、卵黄、グラニュー糖55g、メープルシュガー、カソナードを入れて、中火で温める(c)。

3 40℃になったら火からおろし、シノワで漉す(d)。

4 アーモンドプードルを加え、ミキサーで回す(e)。

5 卵白を泡立て、グラニュー糖80gを3回に分けて加え、しっかり立てる(f)。

6 4がよく混ざりリボン状になったら(g)、5の1/4量を加え、しっかり混ぜる(h)。

7 残りの5を加え、薄力粉と強力粉を加える(i)。

8 溶かしバターを加え、よく混ぜる(j)。

9 1の型に150gずつ入れ、160℃のオーブンで30分焼成する(k)。

a

b

c

d
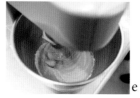
e

f

g

h

i

j

k

［シロップ］

**1** 材料をすべて鍋に入れ、弱火にかけて沸騰
させる(l)。

l

［組み立て］

**1** 焼き上がったパン・ド・ジェンヌは熱いうち
に型から外し、粗熱をとる(m)。

**2** シロップを60℃に温め、1に60gしっかり打
つ(n)。

**3** 常温で冷ます。

**4** グラニュー糖をまぶす(o)。

m

n

o

# Partie

# 6

## Pâte à Cakes
パータ・ケーク

パータ・ケークは、いわゆるケーキ生地のひとつだが、
ジェノワーズやビスキュイのスポンジ生地との決定的な違いは、
バターの配合量が多いこと。
そのため、スポンジ生地が卵の起泡性を生かして生地を作るのに対し、
パータ・ケークの場合は、バターを撹拌して空気を
たくさん取り込むことのできる性質、クリーミング性を利用して作る。
焼き上がった生地は、きめが細かくしっとりしたもの。
バターの含有量が多いので、生地そのものに深いコクと味わいがある。
パータ・ケークは、
ポマード状にしたバターに砂糖を加えて作るシュガーバッター法と、
バターに粉を混ぜてから作るフラワーバッター法がある。
ほかにも、溶かしバターを加えるやり方などもある。

# Madeleine

マドレーヌ

金子美明

§

意外に思われるかもしれないが、マドレーヌは僕にとって挑戦である。

というのも、修業時代にやったことがないからだ。

マドレーヌは、プティ・ブドンともいえる太鼓のようなお腹、

ぷくっとした膨らみができたら、しめたものである。

そのため、この生地の場合は、小麦粉のグルテンをしっかり出してやること。

ホイッパーを使って、生地をしっかりつないでやることが大切である。

また、レモンの風味もポイント。

すり合わせると香りが立つので、グラニュー糖としっかり合わせる。

フランス菓子の伝統的な手法に倣い、

仕上げにグラスにくぐらせ、ニュアンスと深みを与えた。

## 材料 <small>(22 個分)</small>

[アパレイユ・マドレーヌ]

| | |
|---|---|
| 薄力粉 | 131g |
| ベーキングパウダー | 5g |
| グラニュー糖 | 120g |
| レモンの皮（おろしたもの） | 1.2個分 |
| 発酵バター | 135g |
| 全卵 | 174g |
| トリモリン | 4g |
| ハチミツ | 40g |

[グラス・オ・シトロン]

| | |
|---|---|
| 粉糖 | 500g |
| レモンジュース | 100g |

アプリコットのコンフィチュール
　　　　　　　　　　　　適量

## 作り方

[グラス・オ・シトロン]

**1** 粉糖にレモンジュースを加えてよく混ぜ合わせ(a)、シノワで漉す(b)。

[組み立て]

**1** アパレイユ・マドレーヌを作る。バターを鍋に入れて火にかけ、絶えず混ぜながら溶かす(c)。
※混ぜることできれいなカラメル色を作れる

**2** カラメル色になったら冷水につけてかき混ぜる(d)。

**3** ボウルにグラニュー糖とレモンの皮（おろしたもの）を入れ、手ですり合わせる(e)。
※すり合わせることでレモンの香りが出る

**4** 薄力粉とベーキングパウダーを一緒にふるい、**3**に加える(f)。

**5** 別のボウルに全卵、トリモリン、ハチミツを入れて湯煎にかけ、50℃ぐらいまで温める(g)。
※この温度でトリモリンとハチミツが溶ける

**6** **4**に**5**を2/3量ほど加える(h)。

**7** 生地がつるんとなったら(i)、残った**5**の半量ほどを加える。

8 生地がつやっとしてきたら（j）残りの5を加える（k）。

9 60℃まで温度を下げた2を3回に分けて加える（l）。

10 9のアパレイユ・マドレーヌを絞り袋に入れ、型に絞り出す（m）。

11 170℃のオーブンで8分、天板の前後を入れ替えて3分焼成する（n）。

12 粗熱がとれたら型から外し、温めたアプリコットのコンフィチュールを塗り（o）、2時間ほど自然乾燥させる。

13 乾いたらグラス・オ・シトロンにくぐらせ（p）、天板においたグリルにおき（q）、グリルごと180℃のオーブンに1分弱入れて表面のグラス・オ・シトロンを乾かす（r）。

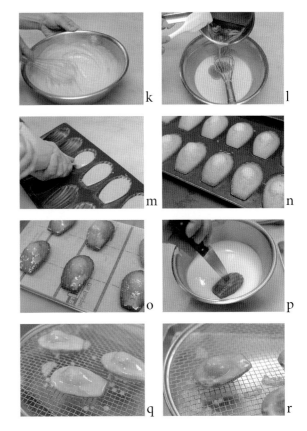

# Pavé Noisette

パヴェ・ノワゼット
藤生義治

§

ケーク生地の代表的なものといえば、カトルカールのようなどっしり重い生地だが、
このパヴェ・ノワゼットのようにざっくりとしたところのあるものもある。
パータ・ケークというよりは、パータ・ビスキュイのひとつ、
ビスキュイ・ジョコンドに近いかもしれない。
しかし、やはりバターの割合が多いことが決定的な違いで、
分類としてはパータ・ケークになる。
小麦粉の割合は少なく、ノワゼットをたっぷり使うので生地はもろい。
焼き上がって型から外すとき、生地を重ねるときに細心の注意を払うようにする。

## 材料 （33 個分）

［パータ・パヴェ・ノワゼット］

パヴェ・タンプルタン —————— 1000g
（ノワゼットとグラニュー糖を1:1で合わ
せたもの）

全卵 ———————————— 330g
卵黄 ———————————— 120g
中力粉 ——————————— 60g
溶かしバター ———————— 300g
卵白 ———————————— 280g
グラニュー糖 ———————— 35g

［ガルニチュール］

ミルクチョコレート —————— 200g
パヴェ・タンプルタン ————— 200g
（ノワゼットとグラニュー糖を1:1で合
せたもの）

アプリコットのコンフィチュール
————————————————— 適量
粉糖 ———————————— 適量

## 作り方

［パータ・パヴェ・ノワゼット］

**1** パヴェ・タンプルタン（a）に全卵と卵黄を4
回に分けて加え（b）、少し白っぽくなめらか
になるまで合わせる（c）。

**2** メレンゲを作る。卵白を立て、泡立ってきた
らグラニュー糖を加え、さらに泡立てしっか
りとしたメレンゲにする（d）。

**3** 2に1を加える（e）。

**4** 中力粉を加える（f）。

**5** 溶かしバターを加える（g）。

**6** 天板（53 × 38cm）に5の生地を広げ、表面
を平らにならす（h）。

**7** 180℃のオーブンで25 〜 30分焼成する。

**8** 焼き上がった生地は天板から外して冷ます
（i）。

a

b

c

d

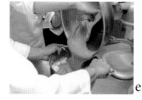
e

f

g

h

i

［ガルニチュール］

**1** 材料を混ぜ、カードルに広げて、パレットナイフで薄くのばす。

**2** 冷蔵庫に入れ、かたまったら一辺2.75cmの正方形に切る。

［組み立て］

**1** 1枚の生地を半分にカットし（j）、片方の生地にアプリコットのコンフィチュールを薄く塗り（k）、生地を重ねる（l）。

**2** 上にアプリコットのコンフィチュールを薄く塗り（m）、もうひとつの生地を重ねる（n）。

**3** 2の作業を繰り返す（o）。
※途中、重ねる生地がずれないように、おさえながら作業する

**4** 8cm間隔に切り（p）、上面にアプリコットのコンフィチュールを薄く塗り（q）、さらに幅2.75cmに切る（r）。

**5** 上面にガルニチュールのチョコレートを4枚、ずらしてのせる（s）。

**6** 粉糖をふる（t）。

※パティスリー ドゥ シェフ フジウでは、自家製のタンブルタンを使用。軽くローストしたアーモンドやノワゼットのナッツ類をグラインダーで砕き、グラニュー糖と合わせ、さらに数回挽く

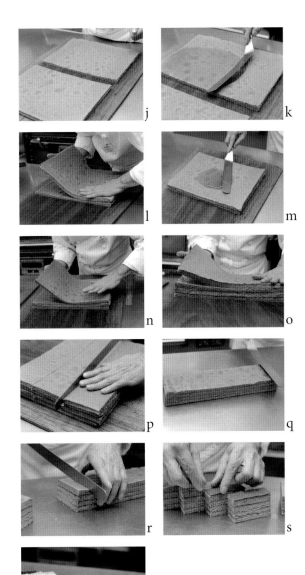

# Cake aux Fruits

ケーク・オ・フリュイ

鮒澤信次

§

僕にとって、ケーク・オ・フリュイは思い出の菓子である。

昔、働いていたルコントのスペシャリテのひとつであり、初めて見たときは

フルーツの多さにびっくりしたものだ。

それは、単に量だけではない。

生地に比べてフルーツの割合があまりに高かったため、

果たしてちゃんと焼き上がるのか不安になったほどだった。

その方が美味しいし、お客さまも満足するからというのが、

ルコントがそうしていた理由だったと思う。

その思いを引き継ぎ、僕の作るケーク・オ・フリュイは、

フルーツの含有量がとても高いと思う。

ラムに漬け込み、しっかりラムを切ったフルーツを使っている。

生地を作るときは、立て過ぎないこと。

大量のフルーツを支えるために、重さのある生地に仕上げることが大事である。

# 材料 （18×8×高さ6cm のパウンド型6本分）

[パータ・ケーク]

| | |
|---|---|
| 無塩バター | 230g |
| グラニュー糖 | 230g |
| 全卵 | 430g |
| ハチミツ | 60g |
| 薄力粉 | 530g |
| ベーキングパウダー | 16g |

| | |
|---|---|
| ドライ・アプリコット | 230g |
| ドライ・プラム | 230g |
| ドライ・クランベリー | 230g |
| ドレンチェリー（赤） | 280g |
| ドレンチェリー（緑） | 280g |
| ドレンチェリー（黄） | 280g |
| レーズン | 360g |
| ラム酒 | 300g |
| バター | 適量 |

[ガルニチュール]

| | |
|---|---|
| ドライ・プラム | 12個 |
| ドレンチェリー（赤） | 12個 |
| ドレンチェリー（黄） | 12個 |

## 作り方

1 ドライ・アプリコットとドライ・プラムは 1/4 にカットし、ほかのフルーツと一緒にラム酒に漬け混ぜる(a)。
　※すぐに使いたいときは電子レンジに回し、ブラクの上などに広げ、冷ましておく(b)

2 パウンド型に合わせて、紙をカットして敷く。

3 常温に戻しておいたバターをミキサーで回し、ポマード状にする(c)。

4 グラニュー糖を加える(d)。
　※砂糖が全体にわたる程度で OK

5 卵を 3 回に分けて加える。2 回目の卵を加えたあと、ミキサーを止め、周りについた生地をおとす(e)。

6 ハチミツを加える(f)。

7 薄力粉とベーキングパウダーを一緒にふるい(g)、6 に加える(h)。

8 材料が混ざったら、ミキサーから外す(i)。

9 8 を大きなボウルに移し、1 のドライフルーツ類を入れ、まんべんなく混ぜる(j)。

10 ドライフルーツの色のバランスをみながら、パータ・ケーク 600g を型に入れ、生地をふちまでのばす(k)。
　※生地の真ん中をへこませるようにしておく

11 ドライ・プラム、ドレンチェリー（赤）、ドレンチェリー（黄）を 2 個ずつ表面におく(l)。

12 バターをコルネに入れ、縦中央に絞る(m)。

13 170℃のオーブンで 1 時間焼成する。
　※バターを絞ったところが割れてくる。

14 焼き上がったらグリルの上で冷ます(n)。

# Cake d'Orange

ケーク・ドランジュ

森本 慎

§

ケーク・ドランジュは、フランスの修業先で作っていた菓子。

初めて食べたとき、なんて美味しいんだろうと感じた。

このケーク・ドランジュは、通常のパータ・ケークとは違う作り方をしていて、

僕が採用しているのもこのやり方。

卵白とグラニュー糖をメレンゲにし、ほかの材料は、

バターも薄力粉も、すべて混ぜ合わせ、メレンゲを加える方法である。

簡単だが、バターのダマが残らないよう注意する必要がある。

あまりの大胆さに、最初は驚いたものだ。

しかし、できあがりは納得のいくもの。

こういうやり方もあるのだな、と思った。

いわゆるパータ・ケークのやり方とは随分違うが、

こういう作り方もあることをお見せしてもいいかなと思い、紹介する。

## 材料 <small>(7 × 18 ×高さ 5cm のパウンド型に 333g 分割で 11 本分)</small>

[パータ・ケーク]
無塩バター —————— 711g
粉糖 ———————————— 733g
アーモンドプードル —— 733g
薄力粉 ——————————— 350g
卵黄 ———————————— 262g
全卵 ———————————— 130g
オレンジ・コンフィ(刻んだもの)
————————————————— 164g
コアントロー ————— 109g
卵白 ———————————— 393g
グラニュー糖 ————— 111g

[グランマルニエ・シロップ]
シロップ(30° B) ——— 300g
グラニュー糖 ————— 675g
水 ————————————— 500g
グランマルニエ ——— 300g

アプリコットのコンフィチュール
————————————————— 適量
オレンジ・コンフィ(輪切り)—— 33 枚

## 作り方

[パータ・ケーク]

**1** 卵白とグラニュー糖以外の材料をミキサーで白っぽくなるまで回す(a)。

**2** 卵白とグラニュー糖でゆるいムラングを作る(b)。

※あまり空気を含ませず、角を立てない

**3** 1に2のムラングを加える(c)。

**4** パウンド型にパータ・ケーク333gを入れ、生地をふちまでのばす(d)。

※中央はへこませるようにしておく

**5** 天板を2枚重ね、160℃のオーブンで40分焼成する(e)。

※底が焦げやすいので、焦げないよう下火を弱くするために天板を重ねる

**6** 焼き上がったら型から外し、天地逆にして冷ます(f)。

a

b

c

d

e

f

[グランマルニエ・シロップ]

**1** 鍋にグラニュー糖と水を入れて火にかけ、糖度30°Bのシロップを作る。

**2** 1にグランマルニエを加える。

[組み立て]

**1** ケークの表面にグランマルニエ・シロップをアンビベし(g)、アプリコットのコンフィチュールを塗る(h)。

**2** 上面にオレンジ・コンフィを3枚のせる(i)。

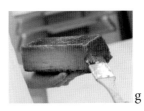
g

h

i

# Cake Amande-Caramel

ケーク・アマンド・キャラメル

菅又亮輔

§

しっとりとしてしっかりと重さを感じさせるケーク生地は、
こっくりとしたキャラメル風味がよく合う。
表面にソース・キャラメルをたらすだけでなく、
ケーク生地の砂糖にもカソナードを使い、コクと風味を加えた。
そしてもうひとつ、このケーキの特徴はアーモンドを使っていること。
ケーキ生地の粉は半分近くがアーモンドプードル。
アーモンドならではの香ばしさがしっかり感じられる生地に焼き上げた。
菓子は見た目も大事だ。
上面にアーモンドをはじめ複数のナッツを散らすことで、
色や形などの見た目の楽しさと同時に、
その菓子がどんな味なのか見当をつけやすくする役割も担っている。

## 材料 （7×14×高さ4.5cmのパウンド型に200g分割で4本分）

[ケーク・アマンド]

| | |
|---|---|
| 無塩バター | 160g |
| 全卵 | 150g |
| アーモンドプードル | 100g |
| 薄力粉 | 140g |
| ベーキングパウダー | 2.5g |
| グラニュー糖 | 160g |
| カソナード | 40g |
| 生クリーム | 55g |
| 塩 | 0.8g |

[アンビバージュ]

| | |
|---|---|
| シロップ（30°B） | 75g |
| 湯 | 20g |

[ソース・キャラメル]

| | |
|---|---|
| 生クリーム | 120g |
| グラニュー糖 | 100g |

ナッツ類（アーモンド、ヘーゼルナッツ、ピスタチオ）……適量
※ローストしておく

## 作り方

[ケーク・アマンド]

1 常温に戻しておいたバター、グラニュー糖、カソナード、塩を低速のミキサーで回す（a）。

2 生クリーム、アーモンドプードルを順番に加える（b）。

3 人肌まで温めた全卵を3回に分けて加える（c）。

4 薄力粉とベーキングパウダーを加える（d）。

5 バター（分量外）を塗った型に200gずつ入れ、160℃のオーブンで35〜40分焼成する（e）。

a

b

c

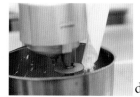
d

e

[アンビバージュ]

1 材料を混ぜ合わせる。

［ソース・キャラメル］

1 生クリームを温める。

2 鍋に 1/4 量のグラニュー糖を入れて火にか
け(f)、溶けたら残りのグラニュー糖を少しず
つ加える。

※木ベラなどを使わず、鍋をゆすって全体に火を通す

3 細かい泡が出てきて、泡がぶくぶくと盛り上
がってきたら火を止める(g)。

4 余熱で褐色になったら、1 を加える(h)。

［組み立て］

1 焼き上がったケーク・アマンドを熱いうちに
型から外し、アンビバージュを 25g 打つ(i)。

2 冷めたらソース・キャラメルをたらし(j)、ナッ
ツ類を飾る(k)。

# Partie

# 7

# Pâte à Choux

パータ・シュー

キャベツの意味をもつシューは、丸く絞って焼くと表面に亀裂が入り、

キャベツのような形状になることから名づけられた。

焼くと大きく膨らみ、そのままの形で焼き上がる。

中は空洞で、これは生地に含まれる水分が、加熱により水蒸気に変わり、

蒸気の力で生地を中から押し広げるためである。

パータ・シューは、焼成前に火を通す生地で、

それは、この膨らみを作るためである。

生地を加熱することで、小麦粉のデンプンが充分に糊化し、

粘りのあるペースト状の生地になる。

作り方は、水分とバターを沸騰させ、

小麦粉を合わせて糊化させ、卵を乳化させながら加える。

シュー菓子としてだけでなく、揚げて食べることもある。

菓子だけでなく、小さく焼いてオードブルなどにも利用される。

# Saint-Honoré Fraise

サントノレ・フレーズ

金子美明

§

僕がたどり着いたフランス菓子らしいシュー。

ポイントのひとつは配合。水と牛乳を同量使っている。

牛乳だけだとリッチ過ぎ、水だけだと物足りない、

半々というのがちょうどよい按配である。

作業上、気をつけるのは、練り過ぎないこと。

練り過ぎると生地がかたくなり、空洞がきれいにできなくなってしまう。

卵を加えてからは、乳化させるのも大事なポイントである。

焼くときは、最初は強火で、あとは火を弱めるとよい。

このサントノレは、イチゴを使い、ピンク色がインパクトのある一品。

僕がフランスにいた頃は、フランス菓子はひとつの過渡期にあった。

伝統的なものに新鮮な感覚を加えたものが登場し、話題となっていた。

サントノレ・フレーズは、そういった類の菓子である。

## 材料 （20 個分）

[パータ・シュー]
牛乳 ―――――――― 100g
水 ―――――――――― 100g
グラニュー糖 ――――― 4g
塩 ―――――――――― 4g
発酵バター ―――――― 90g
薄力粉 ―――――――― 110g
全卵 ―――――――― 216g

パート・フイユテ・アンヴェルセ
――――――――――― 200g
　→ P.69 参照

[フォンダン・ロゼ]
フォンダン ―――――― 300g
シロップ ―――――――― 適量
色素（赤） ―――――――― 適量

[クレーム・フレーズ]
フレーズ・ピューレ ―――― 362g
イチゴ ――――――――― 181g
卵黄 ―――――――――― 44g
グラニュー糖 ―――――― 44g
プードル・ア・フラン ―― 15g
板ゼラチン ――――――― 1.5g
無塩バター ――――――― 145g
フレーズ・コンサントレ ―― 1.5g

[クレーム・ディプロマット]
クレーム・パティシエール ― 600g
　牛乳 ―――――――― 500g
　卵黄 ―――――――― 6個分
　グラニュー糖 ――――― 125g
　薄力粉 ―――――――― 45g
　コーンスターチ ―――― 45g
　無塩バター ―――――― 50g
生クリーム（40%） ―――― 120g

[クレーム・シャンティイ・フレーズ]
生クリーム（40%） ―――― 815g
粉糖 ――――――――― 65g
フレーズ・ピューレ ―――― 285g
板ゼラチン ――――――― 9g

[アマンド・ロゼ]
グラニュー糖 ―――――― 120g
水 ―――――――――― 30g
アーモンド（皮なし）（ロースト）
――――――――――― 120g
色素（赤） ―――――――― 適量

## 作り方

[パータ・シュー]

**1** 鍋に水と牛乳、グラニュー糖、塩、バター
を入れ火にかける（a）。

**2** 沸騰したら火を止め、薄力粉を一気に加え、
手早く混ぜる（b）。

**3** もう一度火にかけ、鍋底から練る（c）。

**4** 3をミキサーで回し、全卵をほぐして数回に
分けて加える（d）。
　※卵液は少し残し、状態をみながら調節する
　※生地が三角を描き、ぽとんと落ちる状態になれば
　　よい（e）

a

b

c

d

e

［クレーム・フレーズ］

1 フレーズ・ピューレを鍋に入れ、火にかけて、半量程度の重さになるまで煮詰める（f）。

2 1とイチゴをブレンダーで回し、銅ボウルに入れて火にかけ、沸騰させる（g）。
※焦げるので絶えずかき混ぜる

3 卵黄とグラニュー糖をすり合わせ、プードル・ア・フランを加える（h）。

4 3に2を少量加えてのばし、2に戻す（i）。

5 絶えずかき混ぜながら強火にかけ、水でふやかした板ゼラチンを加える（j）。

6 ボウルに移し、氷水にあてて、45℃まで冷ます（k）。

7 ポマード状にしたバターを加える（l）。

8 フレーズ・コンサントレを加え、ハンドブレンダーで乳化させる（m）。
※フレーズ・コンサントレはもとの味を強める程度に使用

［フォンダン・ロゼ］

1 フォンダンを手の熱でならす（n）。

2 人肌程度の湯煎にかけ、シロップでかたさを調節する（o）。

3 なめらかになったら、色素を加える（p）。

［クレーム・ディプロマット］

1 クレーム・パティシエールを作る（q）。
※作り方は P.71 参照（ラム酒とヴァニラビーンズのプロセスを除く）

2 生クリームをしっかり立て、1に加える（r）。

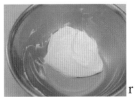

［クレーム・シャンティイ・フレーズ］

1 生クリームに粉糖を入れ泡立てる(s)。

2 水でふやかした板ゼラチンに半量程度のフレーズ・ピューレを加える(t)。

3 残りのフレーズ・ピューレに2を加える。

4 3に1を少しずつ、2/3量ほど加え馴染ませる(u)。

5 残った1に4を戻し、冷蔵庫で一日休ませる(v)。
　　※冷蔵庫で休ませることで、かたさが出る

［アマンド・ロゼ］

1 鍋にグラニュー糖と水を入れ、混ぜ合わせる(w)。

2 色素を入れる(x)。
　　※少しずつ入れ、色味を調整する

3 火にかけ、117℃まで温める(y)。

4 火を止め、アーモンドを加える(z)。
　　※最初はべたつくが、だんだんと結晶化してくる

5 弱火にかけ、焦がさない程度に砂糖を少し溶かす(a')。

6 火からおろし、バットにあけて粗熱をとる(b')。

7 作業台にあけ、ぱらぱらにほぐす。

［組み立て］

1 土台を作る。パート・フイユテ・アンヴェルセの2番生地を1.75mmにのばし、ピケして冷蔵庫で2時間休ませる(c')。

2 直径6.5cmのセルクルで抜き、冷蔵庫で休ませる(d')。

3 9番の丸口金をつけた絞り袋にパータ・シューを入れ、2の上にひとまわり小さく、直径6.5cmほどの輪を絞る(e')。

4 180℃のオーブンで14分、温度を170℃におとし、天板の前後を入れ替えて15分焼成する(f')。

5 上におくプティ・シューを作る。パータ・シューを直径3cmほどに絞る(g')。

6 上火200℃、下火180℃のオーブンで4分、下火を切り上火160℃、タンパーを開き、35〜40分焼成する(h')。

7 土台のシューは3カ所(i')、プティ・シューは裏に穴をあけ、クレーム・フレーズを絞り入れる(j')。
　※シューをかために焼いてあるので、クレームを入れてもふくらまない

8 土台のシュー、プティ・シューの上面にフォンダン・ロゼをつけ、フォンダンが乾かないうちに、土台のシューの上にプティ・シューを3つのせる(k')。

9 中央にクレーム・ディプロマットを、プティ・シューと同じぐらいの高さまで絞り入れる(l')。

10 一日休ませたクレーム・シャンティイ・フレーズを氷水にあて、しっかり立てる(m')。

11 星口金をつけた絞り袋に10のクレームを入れ、プティ・シューの間に絞り、中央のクレーム・ディプロマットにうずまき状に高く絞る(n')。

12 アマンド・ロゼを2粒のせる(o')。

# Saint-Honoré

サントノレ
藤生義治

§

サントノレは、パータ・シューを使う代表的な菓子のひとつである。
飾りに使用するシャンティイ・カラメルは、カラメルを使うので重い。
一晩休ませて全体を馴染ませるようにする。
サントノレのような定番菓子にも、時代によって微妙な違いがある。
現在は比較的軽やかなサントノレも見受けられるが、
もともとはしっかりとした味わいのある菓子である。
シュー生地を作るときのポイントとしては、小麦粉を加えたら、
もたもたせず手早く作業をし、水分をしっかり飛ばすこと。
そうすることで、このあとに卵が入ってもつながりやすくなる。

## 材料 （12 個分）

[パータ・シュー]

| | |
|---|---|
| 無塩バター | 400g |
| 水 | 600g |
| 牛乳 | 400g |
| グラニュー糖 | 60g |
| 塩 | 10g |
| 薄力粉 | 600g |
| 全卵 | 1100g |

| | |
|---|---|
| パータ・フォンセ | 適量 |

　→ P.22 参照

[カラメル]

| | |
|---|---|
| グラニュー糖 | 1000g |
| 水飴 | 350g |
| 水 | 300g |

[クレーム・パティシエール]

| | |
|---|---|
| 牛乳 | 1000g |
| 卵黄 | 160g |
| グラニュー糖 | 250g |
| 薄力粉 | 50g |
| コーンスターチ | 50g |
| 無塩バター | 25g |
| ヴァニラビーンズ | 1 本 |

[シャンティイ・カラメル]

| | |
|---|---|
| 生クリーム (35%) | 400g |
| グラニュー糖 | 180g |

| | |
|---|---|
| チョコレートパウダー | 適量 |

## 作り方

[パータ・シュー]

1 バター、水、牛乳を火にかける(a)。

2 グラニュー糖と塩を加え、沸騰させる(b)。

3 薄力粉を加え、水分をしっかりと飛ばす(c)。
　※時間をかけず、手早く作業する

4 全卵を少しずつ加える(d)。

a

b

c

d

[カラメル]

1 鍋に材料をすべて入れ、色づくまで炊く。

[クレーム・パティシエール]

1 ヴァニラビーンズのさやを縦にさき、内側の
　種子をこそげとる。

2 鍋に牛乳を入れ、沸騰させ、1 のヴァニラビー
　ンズのさやを入れる。

3 卵黄とグラニュー糖をすり合わせ、1 のヴァ
　ニラビーンズの種子を入れる。

4 3 に薄力粉とコーンスターチを加える。

5 4 に 2 を少し入れてのばして、裏ごしする。

6 2 のヴァニラビーンズのさやをとり、5 を加
　えて炊く。

7 炊き上がったらバターを加える。

［シャンティイ・カラメル］

1 生クリームを温めておく。

2 鍋にグラニュー糖を入れ、火にかけ、静かに溶かしていく(e)。

3 カラメルが色づいたら火をとめ(f)、1の生クリームを加える(g)。
※カラメルの中に冷たい生クリームを入れるとはねるので、温めておく

4 一晩休ませる。

［組み立て］

1 パータ・フォンセをパイシーターで1.75mmにのばし、ピケし、直径7cmのセルクルで抜く(h)。

2 10番の丸口金をつけた絞り袋にパータ・シューを入れ、1のパータ・フォンセの土台の上にひとまわり小さく輪を絞る(i)。同時に直径2cmほどのプティ・シューを絞る(j)。

3 2を180℃のオーブンで25〜30分焼成する(k)。

4 焼き上がった土台のシューとプティ・シューにカラメルをつけ(l)、カラメルをつけた方を下にしてシルパットの上におく(m)。

5 プティ・シューを土台の上に3つおく(n)。

6 クレーム・パティシエールとチョコパウダーを合わせ、丸口金をつけた絞り袋で、5の中央に絞り入れる(o)。

7 星口金をつけた絞り袋にシャンティイ・カラメルを入れ、プティ・シューの間、てっぺんに絞る(p)。

8 仕上げにチョコレートパウダーをふる(q)。

# Paris-Brest

パリ・ブレスト

鯰澤信次

§

フランス菓子において、シュー生地は肝となるアイテムである。

というのも、概してフランスで売れる菓子はシュー菓子であり、

エクレアをちゃんと作れることが立派な職人の証とされているほどだからだ。

フランスのシュー生地の特徴は、あまり浮かず、しっかりしていること。

しかし、回し過ぎたり、作業時の状態が冷た過ぎると

生地がかたくなるので注意も必要。

そうならないよう適度な状態を見極めることが大事である。

ひとつの目安となるのが作業時間。

決まった作業をいつも同じ時間の中で行うように心がけるとうまくいく。

今回作ったパリ・ブレストは、店でも人気の高い商品。

間にプティ・シューをしのばせて、重くなり過ぎないようにしている。

## 材料 (6台分)

[パータ・シュー]

| | |
|---|---|
| 無塩バター | 145g |
| 牛乳 | 320g+30g |
| グラニュー糖 | 10g+ 適量 |
| 塩 | 8g |
| 薄力粉 | 210g |
| 全卵 | 370g |
| ドリュール | 適量 |
| アーモンドスライス | 適量 |

[クレーム・プラリネ]

| | |
|---|---|
| 無塩バター | 1200g |
| プラリネ・アマンド | 520g |
| クレーム・パティシエール | 1540g |

[プラリネ]

| | |
|---|---|
| グラニュー糖 | 150g |
| アーモンド | 80g |
| | |
| 粉糖 | 適量 |

## 作り方

[パータ・シュー]

1 鍋にバター、牛乳320g、グラニュー糖10g、塩を入れ火にかける(a)。

2 沸騰したら、薄力粉を加え、一気に混ぜる(b)。

3 いったん火を止め、しっかりと混ぜたら、再び脂がにじんでくるまで火にかける(c)。

4 ミキサーに入れて回し、卵を4回に分けて加える(d)。

5 卵がつながったら牛乳30gを加え、絞れるかたさになるまでミキサーで回す(e)。

6 12mmの丸口金をつけた絞り袋にパータ・シューを入れ、天板に直径16cm程度の二重の輪を絞り、その溝の部分にもう一度輪を絞る(f)。

※気持ち大きめに絞る

7 表面にドリュールを塗り (g)、フォークを水につけながら、つなぎの部分を合わせるように全体を同じ太さに揃える(h)。

※この時点で大きめに絞ったものを、少しずつ内側に寄せて、大きさを揃える

8 もう一度ドリュールを塗り(i)、パータ・シューが隠れるぐらいまでアーモンドスライスをまぶす。

※焼成中、パータ・シューが膨らむので、アーモンドスライスはたっぷりつける

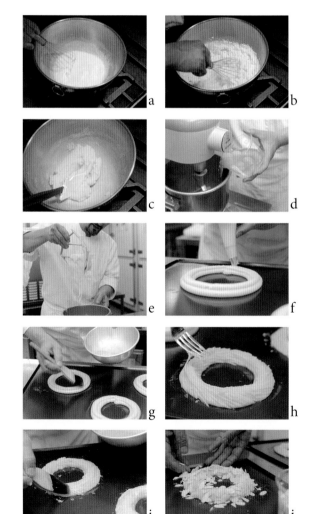

9 形を整える(j)。

10 グラニュー糖をたっぷりふる(k)。

11 余ったパータ・シューで長さ5cm程度のものを30個絞る(l)。

12 180℃のオーブンで35〜40分焼成する(m)(n)。

[クレーム・プラリネ]

1 バターとプラリネ・アマンドを合わせ（o）、混ざってきたらクレーム・パティシエールを加える(p)。

[プラリネ]

1 グラニュー糖をカラメリゼし、ローストしたアーモンドを合わせ冷まし、砕く。

[組み立て]

1 焼き上がったシューが冷めたら、2cmぐらいの高さで切る(q)。

※真ん中より少し上で切ると美しく仕上がる

2 星口金をつけた絞り袋にクレーム・プラリネを入れ、1のシューに絞る(r)。

3 小さいシューを6個おき（s）、外側、内側、小さいシューの間に、小さいシューを覆うようにクレーム・プラリネを絞る(t)。

4 プラリネをまぶして(u)上部のシューをおき、粉糖をふる(v)。

# Grosse Religieuse

グロス・ルリジューズ

森本 慎

§

シュークリームは、平日で 40 個、

週末ともなると 70 個ほど出る店の人気商品。

だから、というわけではないが、きちんとシュー生地を作るように心がけている。

工程のポイントとしては、水や牛乳などをちゃんと沸騰させること、

そして、粉を入れたら手早くしっかり練ることである。

熱い状態で水分を飛ばさなければならない。

このシュー生地を使った定番菓子のひとつがルリジューズ。

今回製作したのが、大きなルリジューズで、クロカンブシュよろしく、

ぐっと見栄えのするもので、イベントなどで喜ばれる菓子である。

## 材料 (1台分)

[パータ・シュー]
| | |
|---|---|
| 無塩バター | 135g |
| 牛乳 | 100g |
| 水 | 220g |
| グラニュー糖 | 10g |
| 塩 | 8g |
| 薄力粉 | 200g |
| 全卵 | 6 個 |

| | |
|---|---|
| 打ち粉 | 適量 |
| バター | 適量 |
| ドリュール | 適量 |

パート・シュクレ ──── 適量
　→ P.56 参照

[クレーム・ダマンド]
| | |
|---|---|
| 無塩バター | 100g |
| アーモンドプードル | 100g |
| 粉糖 | 100g |
| 全卵 | 100g |
| ラム酒 | 7g |
※分量は作りやすい量

[クレーム・パティシエール・オ・カフェ]
| | |
|---|---|
| クレーム・パティシエール | 適量 |
→ P.86 参照 (クレーム・コンデ内)
| コーヒーエキストラ | 適量 |

[クレーム・パティシエール・オ・ショコラ]
| | |
|---|---|
| クレーム・パティシエール | 適量 |
→ P.86 参照 (クレーム・コンデ内)
| ココアパウダー | 適量 |

[フォンダン・カフェ]
| | |
|---|---|
| フォンダン | 適量 |
| コーヒーエッセンス | 適量 |
| 水 | 適量 |

| | |
|---|---|
| フォンダン・ショコラ | 適量 |

[クレーム・オ・ブール・オ・カフェ]
| | |
|---|---|
| クレーム・オ・ブール | 適量 |
→ P.139 参照 (クレーム・ムスリーヌ内)
| コーヒーエキストラ | 適量 |

## 作り方

[パータ・シュー]

1 鍋にバター、牛乳、水、グラニュー糖、塩を入れ火にかける(a)。

2 沸騰したら、薄力粉を加える(b)。

3 いったん火をとめ、しっかりと混ぜる(c)。

4 再び火にかけ、粉気がなくなるまで水分を飛ばす。
　※脂が表面に出てきて、てかってきたら火からおろす

5 卵を 3 回に分けて加える(d)。
　※ぽたっと落ちる状態になれば OK (e)

6 天板にバターを塗り、打ち粉をふって余分な粉をとり、12cm 幅、直径 9cm の円、直径 7cm の円で印をつける。

7 12 番のエクレア用口金をつけた絞り袋にパータ・シューを入れ、12cm 幅に、エクレアを 8 本と予備のために数本絞る(f)。

8 9 番の丸口金をつけた絞り袋にパータ・シューを入れ、直径 9cm の輪、直径 7cm の輪、直径 5cm 程度の円、直径 3cm 程度の円を絞る(g)。

a

b

c

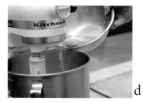

d

e

f

g

h

9 ドリュールを塗り（h）、フォークでエクレアと
リング状のものに筋をつけ（i）、円状のもの
は上面を少しつぶすようにして格子状の模
様をつける（j）。

i

j

10 180℃のオーブンで45分焼成する（k）。途中、
焼き色がついたら、ダンパーを開く。
※様子を見て、小さいものは先に取り出してもよい

k

[クレーム・ダマンド]

1 常温に戻しておいたバターと粉糖をミキ
サーで回し、ポマード状にする（l）。

2 全卵とラム酒を合わせ、1に少しずつ加える
（m）。
※卵が多少分離するが、あとで加えるアーモンド
　プードルがつなぎになるので気にしなくてよい

3 アーモンドプードルを加える（n）。

4 半日休ませる。

l

m

n

[クレーム・パティシエール・オ・
カフェ]

1 クレーム・パティシエールにコーヒーエキス
トラを加える（o）。

o

[クレーム・パティシエール・オ・ショ
コラ]

1 クレーム・パティシエールにココアパウダー
を加える（p）。

p

[フォンダン・カフェ]

1 フォンダンにコーヒーエッセンスを加え、水
でかたさを調節する（q）。

q

［クレーム・オ・ブール・オ・カフェ］

1 クレーム・オ・ブールにコーヒーエキストラ
を加える（r）。

r

［組み立て］

1 土台を作る。パート・シュクレを3mmの厚
さにのばし、ピケする（s）。

2 直径15cmのタルトリングのふたまわりぐら
いの大きさに切る（t）。

s

t

3 タルトリングに密着させながらパート・シュ
クレを敷き（u）、余分な生地を取り除く（v）。

4 クレーム・ダマンド150gを中心からうずま
き状に絞る（w）。

u

v

5 180℃のオーブンで35〜40分焼成する（x）。

6 焼き上がったシューの裏に穴をあける。大き
い方の輪は4カ所程度（y）、エクレアは2カ
所開ける（z）。

w

x

7 クレーム・パティシエール・オ・カフェをエ
クレア4本、小さい方のリング、小さい円に
絞り入れる（a'）。

8 クレーム・パティシエール・オ・ショコラを残っ
たエクレア4本、大きい方のリング、大きい
方の円に絞り入れる（b'）。

y

z

9 7のクリーム・パティシエール・オ・カフェ
を絞ったシューの上面に、フォンダン・カフェ
を（c'）、8のクリーム・パティシエール・オ・
ショコラを絞ったシューの上面に、フォンダ
ン・ショコラをつける（d'）。

10 星口金をつけた絞り袋にクレーム・オ・ブー
ル・オ・カフェを入れ、土台の上にリング状
に絞る（e'）。

11 エクレアの片側の側面にクレーム・オ・ブー
ル・オ・カフェを絞り、5のクレーム・ダマ
ンドの上に、クレーム・パティシエール・オ・
カフェが入ったエクレアとクレーム・パティ
シエール・オ・ショコラが入ったエクレアを
交互におき、全体を整える（f'）。

a'

b'

c'

d'

**12** 上面にクレーム・オ・ブール・オ・カフェを
絞り（g'）、大きい方のリング、小さい方のリ
ング、大きい方の円、小さい方の円を重ね
る(h')。

**13** クレーム・オ・ブール・オ・カフェをエクレ
アの間に絞り（i'）、ところどころに飾りを絞
る(j')。

e'

f'

g'

h'

i'

j'

# Choux au Praliné Rouge

シュー・プラリネ・ルージュ

菅又亮輔

§

パッと見は独創性を先行させたように思えるかもしれないが、

シューアラクレームの基本要素である、

シュー生地とクレーム・パティシエールをしっかり押さえ、

その上でアイデアを盛り込んだ。

シュー生地はアーモンドアッシェをまぶし、

加えてグラニュー糖を頂上において焼くことで、

生地がパリッと焼き上がり、カリカリ感もプラス。

中に入れるクリームは 2 種類。

プラリネを加えたコクのあるクレーム・パティシエールを下に、

フランボワーズのシャンティをたっぷり絞り出すことで、

2 層のクリームの味わいと同時に高さも作り出した。

## 材料 (30 個分)

[パータ・シュー]

| | |
|---|---|
| 牛乳 | 100g |
| 水 | 100g |
| グラニュー糖 | 8g |
| 塩 | 2g |
| 無塩バター | 100g |
| 薄力粉 | 120g |
| 全卵 | 約300g |
| アーモンドアッシェ | 適量 |
| グラニュー糖 | 適量 |

[パティシエール・プラリネ]

| | |
|---|---|
| クレーム・パティシエール | 750g |
| → P.35 参照 | |
| プラリネ・アマンド | 75g |
| パート・ド・ノワゼット | 75g |

[シャンティ・フランボワーズ]

| | |
|---|---|
| 生クリーム(35%) | 600g |
| きび砂糖 | 45g |
| コンフィチュール・フランボワーズ | 90g |
| ヴァニラエッセンス | 3g |

[コンフィチュール・フランボワーズ]

| | |
|---|---|
| ピューレ・フランボワーズ | 250g |
| ピューレ・シトロン | 12g |
| グラニュー糖 | 100g |
| ペクチン LN-SN-325 | 4g |

※分量は作りやすい量

| | |
|---|---|
| イチゴ | 15 個 |
| 粉糖 | 適量 |

## 作り方

[パータ・シュー]

1 鍋に水、牛乳、バター、塩、グラニュー糖を入れて沸かす(a)。

2 中心から沸騰したら(b)、火を止め薄力粉を一気に加え、手早く混ぜる(c)。

3 鍋底から練り、余分な水分をとばす(d)。

4 ミキサーに移して回し、粗熱をとり、溶きほぐした全卵を半量加える(e)。

5 8割程度混ざったら、卵を1/4量ずつ加える(f)。

6 丸口金をつけた絞り袋にパータ・シューを入れ、直径5cmに絞り出す(g)。

7 たっぷりと霧を吹き、アーモンドアッシェをふりかけ、冷凍させる(h)。

8 霧を吹き、頂上にグラニュー糖をおいて(i)、200℃のオーブンで40分、160℃に落としてさらに20分焼く。

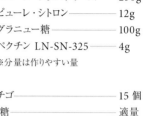
a

b

c

d

e

f

g

h

i

［パティシエール・プラリネ］

1 プラリネ・アマンドとパート・ド・ノワゼットを合わせ、クレーム・パティシエールを少量加えて混ぜる（j）。

2 クレーム・パティシエールに戻し、混ぜ合わせる（k）。

［コンフィチュール・フランボワーズ］

1 鍋にピューレ・フランボワーズとピューレ・シトロンを入れて火にかける。

2 グラニュー糖とペクチンを合わせ、3回に分けて1に加える。

3 完全に沸騰したら、そのまま1分程度火にかけ、軽く煮詰める。

4 天板に広げる。
※蒸気を飛ばす

［シャンティ・フランボワーズ］

1 生クリーム、きび砂糖、ヴァニラエッセンスを合わせて立てる。

2 8分立てにし、コンフィチュール・フランボワーズを加えて、しっかり立てる（l）。

［組み立て］

1 焼き上がったシューが冷めたら、半分より上目の横に切る。

2 15番の丸口金をつけた絞り袋にパティシエール・プラリネを入れ、25gほど絞り出す（m）。

3 コンフィチュール・フランボワーズを2gほど、パティシエール・プラリネの中に絞り出す（n）。

4 イチゴを1/8にカットし、4切れおく（o）。

5 星口金をつけた絞り袋にシャンティ・フランボワーズを入れ、20gほど絞り出す（p）。

6 ふたのシューを軽くおき（q）、粉糖をふる（r）。

# Partie

# 8

## Pâte Levée
パート・ルヴェ

イーストの発酵作用を利用して作る生地を発酵生地、

パート・ルヴェと呼ぶ。

イーストを小麦粉と水を練った生地に加えると、

イーストが生地のデンプンを糖に分解して吸収し、増殖する力をもつ。

このときに排出される炭酸ガスが生地の中に残り、

生地に弾力と軽さを与える。これが発酵である。

パンに似ているが、違いは砂糖、卵、バターなどの割合が多いことだろうか。

パン同様、作るものによって製法も異なる。

生地に直接イーストを加えるストレート法、

発酵種を本種に加える発酵種法などがあり、

一般に、ストレート法の代表にクグロフ、

発酵種法にはブリオッシュがあげられる。

発酵させるので時間はかかるが、フランス菓子に欠かせない生地である。

# Gâteau Tropezienne

ガトー・トロペジェンヌ

金子美明

§

ガトー・トロペジェンヌは、素直に美味しいと思える菓子。

渡仏前、代官山のシェフ時代から作っている自分にとって馴染み深い菓子でもある。

軽さのあるクリームが心地よい。

日本では小ぶりなサイズも作るが、フランスでは、アントルメが一般的。

生地はブリオッシュ生地。始めにグルテンをしっかり出しておくことが大事である。

そして、表面をきちんと張らせ、発酵の力をよい状態にしてやることも必要だ。

また、バターを加えたら簡潔に作業を行うこともポイント。

## 材料 （直径15cmの円型2台分）

[パータ・ブリオッシュ]

| | |
|---|---|
| 強力粉 | 100g |
| 中力粉 | 100g |
| 上白糖 | 48g |
| トリモリン | 5g |
| モルト | 0.5g |
| 牛乳 | 20g |
| 全卵 | 2個 |
| 塩 | 4g |
| 生イースト | 12g |
| 発酵バター | 100g |

| | |
|---|---|
| 打ち粉 | 適量 |
| バター | 適量 |
| ドリュール | 適量 |
| アラレ糖 | 適量 |

[コアントロー・シロップ]

| | |
|---|---|
| シロップ（30°B） | 80g |
| 水 | 20g |
| コアントロー | 40g |

[クレーム・ムスリーヌ]

クレーム・パティシエール

| | |
|---|---|
| 牛乳 | 330g |
| 卵黄 | 4個分 |
| グラニュー糖 | 106g |
| プードル・ア・フラン | 26g |
| 無塩バター | 83g |
| 無塩バター | 83g |
| コアントロー | 27g |
| 生クリーム（40%） | 150g |

| | |
|---|---|
| 粉糖 | 適量 |
| ピスタチオ（刻んだもの） | 適量 |

## 作り方

[パータ・ブリオッシュ]

1 塩、イーストとバター以外の材料を、ミキサーで低速で回す（a）。

2 粉気がなくなり、ひとまとまりになったら15分ほどおく。
※少し休ませて、グルテンを出す

3 塩を加え、ミキサーで回し馴染ませる。

4 イーストを加え、20分ほどミキサーで回す（b）。
※途中、ミキサーを外し、周りについた生地をおとす
※塩とイーストが触れるとイーストの力が弱まってしまうため、塩が混ざったら加える

5 めん棒で叩き、ダマのない状態にしたバターを3回に分けて加える（c）。
※油分が入ってグルテンがくずれてしまうので、あまり回しすぎない

6 全体が混ざったらミキサーから外し、表面をきちんと張らせてボウルに入れる（d）。

7 ビニールをして30℃ぐらいの場所におき（e）、2倍の大きさになるまで発酵させる（f）。

8 軽くパンチしてビニールに包み、冷凍庫で1時間休ませる。休ませた後、もう一度パンチする。

9 作業台に打ち粉をふり、生地を広げ、周りから折りたたむようにして真ん中で合わせ（g）、裏返して丸める（h）。

10 めん棒でのばし、直径13〜14cmの円にす

a

b

c

d

e

f

g

h

i

j

る(i)。

※めん棒で少しのばしては少し回転させを繰り返す

**11** バターを塗った天板におき、ふたをして
30℃ぐらいの場所におき（j）、2倍の大きさ
になるまで発酵させる（k）。

**12** ドリュールを塗り（l）、アラレ糖をまぶし、手
で軽く押さえる（m）。

**13** 160℃のオーブンで15分焼成する（n）。

[コアントロー・シロップ]

**1** 材料をすべて混ぜ合わせる（o）。

[クレーム・ムスリーヌ]

**1** クレーム・パティシエールを作る。

※作り方はP.71参照（ラム酒とヴァニラビーンズのプロ
セスを除く）

**2** 1にコアントローを加える（p）。

**3** 常温に戻しておいたバターと2の少量をミ
キサーで回す。

**4** 残った2を4回に分けて加える（q）。

**5** ミキサーから外し、七分立てにした生クリー
ムを加える（r）。

[組み立て]

**1** ブリオッシュを2cmの高さでスライスする（s）。

**2** 断面にコアントロー・シロップをアンビベす
る（t）。

※中心は生地が厚いのでたっぷり打つ

**3** 星口金をつけた絞り袋にクレーム・ムスリー
ヌを入れ、下部のブリオッシュに外側からう
ずまき状に絞る（u）。

**4** 側面のクレームにピスタチオ（刻んだもの）
を散らし、上部のブリオッシュをのせ仕上げ
に粉糖をふる（v）。

# Polonaise

ポロネーズ
藤生義治

§

定番と呼べる菓子は数あれど、このポロネーズは、
パリの修業時代から作り続けているもので、原点のような菓子である。
しっかりシロップに浸し、ラム酒をたっぷりとふりかけることが大事である。
ラム酒の香りがストレートに表れるので、ラム酒も香り高いものを使っている。
生地は、中種を作って発酵させるブリオッシュ生地。
グルテンをしっかり出して成形させることが肝要である。
発酵をとり、焼成させて一日おくため、時間がかかる菓子であるが、
フランス菓子屋にとって不可欠なのがパート・ルヴェのアイテムである。

## 材料 (48個分)

[ブリオッシュ・発酵種]

| | |
|---|---|
| 薄力粉 | 250g |
| 上白糖 | 25g |
| ドライイースト | 4g |
| 牛乳 | 50g |
| 無糖ヨーグルト | 62g |
| 全卵 | 38g |

[ブリオッシュ・本種]

| | |
|---|---|
| 薄力粉 | 500g |
| 上白糖 | 125g |
| 塩 | 15g |
| ドライイースト | 12g |
| サワー種 | 15g |
| 牛乳 | 80g |
| 無糖ヨーグルト | 125g |
| 全卵 | 110g |
| 卵黄 | 100g |
| 発酵バター | 187g |
| | |
| 打ち粉 | 適量 |
| ドリュール | 適量 |

[シロップ]

| | |
|---|---|
| 水 | 500g |
| グラニュー糖 | 250g |

[ムラング・イタリエンヌ]

| | |
|---|---|
| 水 | 60g |
| グラニュー糖 | 240g |
| 卵白 | 180g |

| | |
|---|---|
| クレーム・パティシエール | 適量 |
| → P.176 参照 | |

| | |
|---|---|
| ラム酒 | 適量 |
| レーズン | 192粒 |
| ドレンチェリー | 48個 |
| 粉糖 | 適量 |

## 作り方

[ブリオッシュ]

1 発酵種を作る。薄力粉、上白糖、ドライイーストをミキサーに入れる(a)。

2 牛乳、無糖ヨーグルト、全卵を加える(b)。

3 ある程度まとまったらミキサーから外し、手でこねる(c)。

4 まとまったら作業台の上で丸め、ボウルに入れる(d)。

5 濡れふきんで包み、31〜32℃の環境で2時間発酵させる(e)。

6 本種を作る。薄力粉、上白糖、塩、ドライイースト、サワー種をミキサーに入れる(f)。

7 牛乳、無糖ヨーグルト、全卵、卵黄を加えて軽くまとめ(g)、ミキサーで回す(h)。

8 倍ぐらいの大きさになった5の発酵種(i)を作業台におき、軽くパンチする。

9 7の生地がまとまってきたら、8の発酵種を少しずつちぎりながら加える(j)。

10 発酵種がすべて入ったら、さらに15分程度、生地がミキサーから離れるようになるまで回す(k)。

11 めん棒で叩いてやわらくした発酵バターを、10に少しずつちぎりながら加える(l)。

12 ミキサーにくっつかなくなったら外し(m)、冷蔵庫で一晩休ませる。
※写真(n)のような状態が目安

13 打ち粉をふった作業台の上にブリオッシュ生地をおき、35gずつ分割し、丸める(o)。

14 手でしずく形にし(p)、生地をおさえるようにしながら細長くして(q)手の脇でへこませ、頭を作る(r)。

15 直径5.5cmの菊型に、頭が中央にくるようにブリオッシュ生地をおき(s)、頭の周りをややくぼませる(t)。

16 霧を吹きかけ(u)、32〜33℃の焙炉で30分発酵させる(v)。

17 表面にドリュールを塗り、200〜210℃のオーブンで20分焼成する(w)。

18 焼き上がったら型から外し、一日おく(x)。

［シロップ］

**1** 鍋に材料を入れて火にかけ、沸騰させる。

［ムラング・イタリエンヌ］

**1** 鍋に水とグラニュー糖を入れ火にかけ、
118℃まで温める（y）。

**2** 卵白を泡立て、1のシロップを少しずつ加え
ながらさらに泡立てる（z）。

［組み立て］

**1** ブリオッシュの頭を外し（a'）、底や側面に5〜6カ所ナイフで切れ込みを入れる（b'）。

**2** シロップを沸騰しない程度に温めながら、1のブリオッシュを浸す（c'）。

※沸騰させるとブリオッシュがぶよぶよする

**3** ブリオッシュが充分にシロップを吸収し、しっとりとしたら、グリルにあげる（d'）。

※頭の部分の方が、浸透が早いので、時間差で引き上げる（e'）

**4** シロップがきれたら、ラム酒をたっぷりふりかける（f'）。

**5** 土台となるブリオッシュを搾り（g'）、器におく（h'）。

**6** クレーム・パティシエールを絞り（i'）、レーズンを4粒おき、もう一度クレーム・パティシエールを絞る（j'）。

**7** 搾ったブリオッシュの頭をおき（k'）、ムラング・イタリエンヌで表面を薄く覆い（l'）、細い口金をつけた絞り袋で飾りを描く（m'）。

**8** 上部にドレンチェリーをおき、粉糖をふる（n'）。

**9** 200℃のオーブンに約2分入れ、表面にうっすら焼き色をつける（o'）。

# Baba au Rhum

ババ・オ・ラム

鮒澤信次

§

フランス人好みの菓子のひとつがババ。

ラム酒が少ないとクレームがくるほどで、僕が作るババもラム酒をたっぷりと使っている。

しっかり酒が効いた大人の菓子である。

発酵生地を作るときは、ちゃんとグルテンを出してやることが大事になる。

言葉を変えれば、しっかりコシのある生地を作るということである。

焼き上がったババは、シロップに漬けるが、

このシロップは、オレンジやレモンの皮、スターアニスを加え、とても風味のよいもの。

仕上げにふりかけるラム酒と相まって、豊かな香りをもつ菓子に仕上がる。

## 材料 （28 個分）

[パータ・ババ]

| | |
|---|---|
| 強力粉 | 400g |
| 塩 | 5g |
| ハチミツ | 20g |
| 生イースト | 18g |
| 全卵 | 500g |
| 牛乳 | 50g |
| 無塩バター | 140g |

[シロップ]

| | |
|---|---|
| グラニュー糖 | 300g |
| 水 | 800g |
| オレンジの皮 | 1/2 個分 |
| レモンの皮 | 1/2 個分 |
| スターアニス | 2 個 |
| ラム酒 | 100g |
| | |
| ラム酒 | 適量 |
| 加糖生クリーム | 適量 |

## 作り方

[パータ・ババ]

1 強力粉、塩、ハチミツ、軽くほぐした生イースト、全卵（2 個とっておく）を軽く混ぜ、ミキサーで回す（a）。

2 しっかりコシが出るまで回す。
※こね上げ温度は 25 ～ 26℃

3 まとまり始めたら、とっておいた全卵を 1 つ加える（b）。

4 まとまったら、残りの全卵を加える（c）。

5 生地が糸を引き始めたら、牛乳を少しずつ加える（d）。
※途中、ミキサーを外し、周りについた生地をおとす

6 生地がまとまってきたら（e）、常温に戻しておいたバターを加える（f）。

7 28℃の焙炉に入れ、55 分～ 1 時間発酵させる（g）。

8 倍ぐらいの大きさになったパータ・ババをパンチする（h）。

9 絞り袋に入れ、プディング型に 35g 入れる（i）。

10 40 分ほど発酵させる（j）。

11 220 ～ 230℃のオーブンで 7 ～ 8 分、少し焼き色がつくまで焼く。

12 型から外し（k）、180℃のオーブンで 25 分焼成する（l）。

a

b

c

d

e

f

g

h

i

j

［シロップ］

**1** 鍋にグラニュー糖、水、オレンジの皮、レモンの皮、スターアニスを入れ火にかけ、ひと煮立ちさせる(m)。

**2** 火を止め、ラム酒を加える(n)。

［組み立て］

**1** シロップが熱いうちに、ババを入れる(o)。
※ババのシロップの吸い込みがよくない場合は、火にかける

**2** ババが充分に膨らんだら、グリルにあけ、冷ます(p)。

**3** ラム酒をたっぷりふりかけ（q）、皿に盛り、ホイップした加糖生クリームを添える(r)。

# Pastis Landais

パスティス・ランデ

森本 慎

§

パスティス・ランデは、僕にとって思い出の菓子。

フランスの修業先の店では、エリアが違うのか作っていなかったが、

ランド地方でよく見て、よく食べた馴染み深い菓子である。

特徴は、アニス独特の香り。

パスティスを使うが、実はフランスで使っているのはアニス・シロップ。

しかし、日本では入手できないので、パスティスを使い、シロップの配合を工夫した。

特に仕上げも施さず、何の変哲もないが、飽きのこない美味しさがある。

発酵生地は、ブリオッシュの要領で仕込む。

バターを練って全体に馴染ませ、

粉のグルテンをしっかり出すようにして作るのが肝要である。

## 材料 (ブリオッシュ型4台分)

[中種]
| | |
|---|---|
| 強力粉 | 60g |
| 生イースト | 8g |
| 水 | 40g |

[本種]
| | |
|---|---|
| 強力粉 | 340g |
| アニスパウダー | 10g |
| 塩 | 4g |
| 全卵 | 2個 |
| バター | 212g |
| シロップ | |
| 　水 | 100g |
| 　牛乳 | 100g |
| 　グラニュー糖 | 120g |
| 　パスティス | 9g |
| 　ヴァニラビーンズ | 1/2本 |
| 　スターアニス | 3g |

| | |
|---|---|
| 打ち粉 | 適量 |
| ドリュール | 適量 |
| アラレ糖 | 適量 |

## 作り方

[中種]

**1** 強力粉、生イーストと水を混ぜたものをミキサーで回す(a)。

**2** 練ってひとまとまりになったらミキサーから外し、冷蔵庫で約1時間休ませ、発酵させる。

a

[本種]

**1** シロップを作る。ヴァニラビーンズのさやを縦にさき、内側の種子をこそげとる。

**2** 鍋にシロップの材料をすべて入れ、火にかける(b)。

**3** 沸騰したら火からおろし、氷水にあてて冷ます(c)。

**4** 強力粉、アニスパウダー、塩を合わせ(d)、卵を加える(e)。

**5** 3の粗熱がとれたら、4に漉しながら加え(f)、粉気がなくなるまでしっかりミキサーで回す。

**6** 中種を加え、グルテンが出るまでこねる(g)。2cm程度の賽の目に切った冷たいバターを加える(h)。

**7** バターのダマがなくなり、つやっとしたら、

b

c

d

e

f

g

ミキサーから外す(i)。

**8** 生地を丸め、表面を張らせ(j)、一晩休ませる。

**9** 打ち粉をふった作業台の上で生地を丸くまとめ(k)、直径 18cm の円型に切った紙を敷いたブリオッシュ型に入れ、生地を少しつぶす(l)。

**10** 1 時間〜 1 時間 30 分、1.5 倍の大きさになるまで、常温で発酵させる(m)。

**11** 表面にドリュールを塗り（n)、表面を軽く覆う程度にアラレ糖をまぶす(o)。

**12** 200℃のオーブンで 30 〜 40 分焼成する(p)。

h

i

j

k

l

m

n

o

p

# Kouglof

クグロフ

菅又亮輔

§

発酵生地を使う菓子は、

フランス菓子店にとって欠かせないものではあるが、

全体の割合としては多いとはいえない。

それはほかの生地と違って、発酵に時間がかかるのと、

たくさん仕込むとなるとホイロなどの設備が必要になるからだ。

それでも、独特のつるんとした生地を扱うのは気持ちのいいものである。

生地を型に入れるときは、軽く畳んでから。

そしてぐっと押し、型に沿って指を入れて、

空気を抜いてから焼くようにする。

使うレーズンはサルタナ。粒が大きいので、

お酒をしっかり吸ってくれ、生地に馴染むので気に入っている。

## 材料 （クグロフ型 9 個分）

［クグロフ］

| | |
|---|---|
| 強力粉 | 950g |
| 薄力粉 | 50g |
| グラニュー糖 | 120g |
| 塩 | 20g |
| 全卵 | 660g |
| 生イースト | 50g |
| 無塩バター | 750g |
| サルタナ | 200g |
| キルシュ | 20g |

| | |
|---|---|
| 打ち粉 | 適量 |
| アーモンドスライス | 適量 |

［シロップ］

| | |
|---|---|
| グラニュー糖 | 600g |
| 水 | 600g |
| アーモンドプードル | 60g |
| オレンジフラワーウォーター | 適量 |
| | |
| グラニュー糖 | 適量 |

## 作り方

［クグロフ］

**1** サルタナにキルシュをふりかけ、一晩浸す（a）。

**2** 塩とグラニュー糖、強力粉と薄力粉、生イーストの順番にミキサーに入れ、均一に混ぜる（b）。

**3** 全卵を室温まで上げて溶きほぐし、**2**に少しずつ加え（c）、5分程度こねる。

**4** 生地がまとまりなめらかになったら（d）、**1**を加え低速で1分回す（e）。

**5** 20～21℃のバターを入れ、中速で回す。

**6** 生地がまとまり、つやが出てきたらボウルから外す（f）。

**7** バター（分量外）を塗ったボウルに入れ、ラップをして（g）、2倍の大きさになるまで発酵させる（h）。

**8** 型にバター（分量外）を塗り（i）、アーモンドスライスを底に入れる（j）。

**9** 打ち粉をふった作業台で**7**をガス抜きをし（k）、300gに分割して**8**に入れる（l）。
※型に沿って指を入れ、空気を抜く

**10** 霧を吹き、ぬれ布巾をおいて（m）、表面が張るまで25～30分発酵させる（n）。

**11** 霧を吹き、190℃のオーブンで40分焼成する（o）。

a

b

c

d

e

f

g

h

i

j

k

l

m

n

o

［シロップ］

**1** 水とグラニュー糖を鍋に入れて沸かす。

**2** アーモンドプードルを加える（p）。

**3** 火を止め、オレンジフラワーウォーターを加える（q）。

**4** シノワで漉す。

p

q

［組み立て］

**1** クグロフをシロップにくぐらせ（r）、グラニュー糖をまぶす（s）。

r

s

# Partie

# 9

# Pâte à Meringues

パータ・ムラング

卵白と砂糖を泡立てたものをメレンゲと呼ぶ。

一般的には、生地の状態でも、焼いたり茹でたりした菓子もメレンゲと称される。

液体を立てるとき、水のように表面張力が強いと気泡はできない。

しかし、卵白は表面張力が弱く、かつ、空気にふれるとかたまる性質があるので、

撹拌すると空気を抱え込み、泡立った状態を保つことができる。

主原料となる卵白は、基本的に新鮮なものを使う。

新しい卵白は泡立つのに時間はかかるが、きめ細かく安定したメレンゲが作れる。

メレンゲは、材料や環境（温度）、泡立て方、

砂糖の量や加えるタイミングで、仕上がりがまったく変わってくる。

どういうメレンゲを作りたいのかを見極め、

それに合ったやり方を選択したい生地である。

# Vacherin Glacé Contemporain

ヴァシュラン・グラッセ・コンタンポラン

金子美明

§

ヴァシュラン・グラッセ・コンタンポランは、モダンスタイルのヴァシュラン。

軽やかなメレンゲと、なめらかなアイスクリーム、

甘さと酸味のあるイチゴのソースのハーモニーが絶妙である。

そして、決め手は黒コショウ。

甘いものに、コショウの刺激が全体を引き締め、非常におもしろい味わいになる。

メレンゲは、このムラング・フランセーズの場合は、

砂糖を遅め遅めに入れるとよい。

というのも、砂糖の比率が高いため、

最初からたくさん入れると目がつまった感じになってしまうからだ。

## 材料 (8人分)

[ムラング・フランセーズ]
卵白——————————100g
グラニュー糖—————100g
粉糖—————————100g
黒コショウ—————適量

[グラス・ア・ラ・ヴァニーユ]
牛乳—————————500g
卵黄—————————5個分
グラニュー糖—————125g
ヴァニラビーンズ———1.5本
生クリーム (47%)———100g

[ソース・ア・ラ・フレーズ]
イチゴ (M)—————500g
グラニュー糖————50g+57g
バルサミコ酢—————適量
バジル————————1.5g

[フレーズ・マリネ]
イチゴ (M)—————24個
ソース・ア・ラ・フレーズ—100g

[クレーム・シャンティイ]
生クリーム (47%)———250g
粉糖—————————15g

黒コショウ—————適量

## 作り方

[ムラング・フランセーズ]

1 卵白をミキサーで回す。

2 しっかり立ってきたら、グラニュー糖を3回に分けて加える。

3 もこもこしてきたら、ふるった粉糖を加える(a)。

4 ミキサーから外し、全体をよく混ぜる(b)。

5 黒コショウを加え(c)、さらに混ぜる。

6 12番の丸口金をつけた絞り袋に入れ、天板の横いっぱいに細長く絞り出す(d)。

7 黒コショウをたっぷり気味にふりかける(e)。

8 上火120℃、下火100℃のオーブンに1時間入れ、火を切りしばらくおく。

9 焼き上がったら適当な長さに砕く(f)。

a

b

c

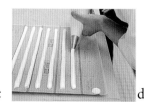
d

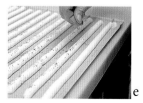
e

f

[グラス・ア・ラ・ヴァニーユ]

**1** 卵黄とグラニュー糖をすり合わせる（g）。
  ※グラニュー糖がきれいに溶ける程度で、白っぽく
  　させなくてよい

**2** ヴァニラビーンズのさやを縦にさき、内側の
  種子をこそげとる。

**3** 銅鍋に**2**のヴァニラビーンズの種子とさや、
  牛乳を入れて火にかける。

**4** 沸騰したら火からおろし、ふたをして30分
  おく。

**5** **1**に**4**を1/4量ほど加え、馴染ませる（h）。

**6** **5**を**4**に戻し、火にかける（i）。

**7** 82℃になるまで、かき混ぜながら温める（j）。
  ※混ぜていると卵黄が凝固してくる

**8** 冷たい生クリームを加える（k）。氷水につけ
  てしっかり冷ます。
  ※冷たい生クリームを入れることで温度が下がるの
  　で、卵が煮えなくなる

**9** 裏ごしてアイスクリームマシンのシリンダー
  に入れ、冷凍させる（l）。

[ソース・ア・ラ・フレーズ]

**1** ボウルにイチゴを入れ、グラニュー糖50g
  をイチゴによくまぶし、ビニールをかけて1
  時間湯煎にかける（m）。
  ※浸透圧でイチゴからシロップが出る

**2** **1**をザルにあげ、汁とイチゴに分ける（n）。

**3** 鍋を火にかけ、グラニュー糖57gを3回ほ
  どに分けて入れ、薄くカラメリゼする（o）。
  ※あくまで薄く、色をつけすぎない程度のカラメル
  　を作る

**4** 少し煙が出たらいったん火を止め、**2**の汁を
  少しずつ加え（p）、半量ぐらい入った時点で
  火をつけ、煮詰める。
  ※カラメルを入れることで、味に深みが出る

**5** とろみを見ながら、2/3ぐらいまで煮詰まっ
  たら、火を止める（q）。

**6** バルサミコ酢を加える。

**7** 香りづけにバジルをちぎりながら加え、一晩
  休ませる（r）。

［フレーズ・マリネ］

**1** イチゴに炊きたてのソース・ア・ラ・フレーズ（工程4のもの）をかけ一晩休ませる（s）。

s

［クレーム・シャンティイ］

**1** 生クリームと粉糖を泡立て、7～8分立てにする（t）。

t

［組み立て］

**1** グラス・ア・ラ・ヴァニーユを器の半分程度の高さまで入れ、ショックフリーザーに入れてしっかりかためる。

**2** フレーズ・マリネを入れ、黒コショウを挽く（u）。

**3** フレーズ・マリネの漬け汁を大さじ1程度かけ（v）、クレーム・シャンティイを覆うようにのせる（w）。

**4** ムラングを5～7cmの長さに折って、3に刺し、黒コショウを挽く（x）。

**5** ソース・ア・ラ・フレーズを添える。

u

v

w

x

*Column*

# 生地づくりの注意点 その2

本書で紹介している各生地を作る際の注意点をまとめて紹介。
生地を作る上で、よくある疑問を取り上げ、解説していく。

## Q5

パート・フイユテのデトランプは、
なぜ薄力粉と強力粉の両方を使うのか？

　パート・フイユテは、デトランプとバターの層で形成されており、パリッとした層になるのはデトランプによるもの。そのため、デトランプに使用する小麦粉によって層のでき方が変わってくる。小麦粉にはタンパク質が含まれており、グルテンができる。グルテンがたくさんできると弾力が強くなり、はっきりとした層を形成しやすくなり、かたさも増す。このグルテンが出やすいのが強力粉だ。

　そのためパティシエは、自身のイメージする仕上がりに合わせて、薄力粉と強力粉の配合の比率を決めて使っているのである。

## Q6

パイ生地を作るときに、三つ折りを
2回するたびに休ませる理由は？

　次の作業を行いやすくするために、パート・フイユテは三つ折りを2回するたびに冷蔵庫でしばらく休ませる。作業しやすくするためには、デトランプの弾力をゆるめ、バターを冷たくする必要があるからである。

　パイ生地は、のばしているうちに、だんだんと弾力が強まり、縮もうとする。これは、グルテンの力によるもの。三つ折りを2回が限度で、これ以上だと弾力が強過ぎて生地が思うようにのびない。また、作業をしているうちにバターがやわらかくなってくるが、バターがやわらかいと可塑性がなくなり、薄くのばすことができなくなってしまう。そのため冷蔵庫で休ませながら作業を行うのである。

## Q7

パイ生地は層が増えるほど、
ボリュームも増すのか？

　パイ生地は、層の数が増えることが、必ずしも、層がよく浮き上がることにつながるわけではない。折る回数が少ないと層が厚くなり、よく浮き上がってボリュームがでるが、層が厚いのでパイ特有のもろい食感がなくなってしまう。逆に折り回数が増えると層が薄くなる。そして、パイらしいもろさがあり、ちぎれたりつぶれたりするので、折る回数が増えても、全体の焼き上がりのボリュームが必ずしも比例する訳ではないのである。

　ほとんどのパティシエは、一般的な折り込み回数の三つ折り×2回×3回を採用している。それは、パイらしい口の中で崩れるような食感があり、層の浮き上がりも適度で、非常にバランスがよいからである。

## Q8

ジェノワーズを作るとき、
全卵を温めながら泡立てるのはなぜ？

　泡立てやすくするためである。冷蔵庫から出してすぐの卵の場合、卵白は泡立つものの、全卵は泡立ちにくい。それは、全卵にある卵黄の脂質が、気泡をできにくくするためである。そこで、全卵は温めて泡立てる。温めることで粘性が弱まって表面張力が低くなり、気泡ができやすくなるのである。

　このときの温度は人肌程度、30℃後半から40℃程度が適温。高くし過ぎると、卵が熱で凝固するので注意が必要。

# C'est Bon!

セ・ボン！

藤生義治

§

ムラングは奥が深い。卵白と砂糖を加えるだけのものだが、

立て方、分量の比率によって表情は変わる。

用途によって使い分けるが、細かい調整は、それこそ長年の経験に基づく勘が左右する。

だから、当店でムラング菓子を作るのは私の仕事である。

セ・ボン！は、アーモンドをベースとするジャンデューヤをムラングでくぐらせたもの。

素朴で駄菓子に近い感覚の菓子である。

この菓子の場合は、ムラングは、ある程度は立てるが、角が立つ程には立てないこと。

シュクセなど、菓子の土台となるものの場合は、

充分に卵白を立て、落ちないようにすることが大事である。

## 材料 <small>(30個分)</small>

[ムラング]

| | |
|---|---|
| 卵白 | 200g |
| グラニュー糖 | 400g |
| ラム酒 | 適量 |

[セ・ボン・ジャンデューヤ]

| | |
|---|---|
| アーモンド | 1000g |
| グラニュー糖 | 1000g |
| カカオバター | 200g |

## 作り方

### ［ムラング］

1 ムラングを作る。卵白を立て、泡立ってきたらグラニュー糖を加え混ぜる(a)。

※量が多いムラングの場合、だれるので2回に分けて作る

2 ラム酒を加える(b)。

a

b

### ［セ・ボン・ジャンデューヤ］

1 軽くローストしたアーモンドをグラインダーで砕き、グラニュー糖と合わせ、さらに数回挽き(c)、タンプルタンを作る(d)。

2 カカオバターを加える(e)。

3 紙を敷いた22×32cmのカードルに半量ずつ入れ、手でのばし、表面を平らにならす(f)。

4 2×2.5cm程度にカットする(g)。

c

d

e

f

g

### ［組み立て］

1 セ・ボン・ジャンデューヤをムラングにくぐらせ(h)、全体を覆い(i)、天板の上に並べる。

2 ダンパーを開いた150℃のオーブンに約1時間入れ、乾かす(j)。

h

i

j

# Meringue Succès

メレンゲ・シュクセ

鮤澤信次

§

シュクセは、メレンゲを使った代表的な生地で、土台に使われることが多い。
さくさくと軽やかな食感が心地よい。
通常は 100 〜 120℃の落とし火にしたオーブンで 2 時間焼成するが、
焼き上がってもすぐに扉を開けないこと。
スイッチを落とし、しばらく経ってから取り出すようにする。
作業効率の点もあり、たいてい前日の晩に焼き上げ、そのままにしておく。
そうすると翌朝には、仕上がっている。
このメレンゲ・シュクセ、どっしりとしたバタークリームと非常に相性がよい。
香ばしいアマンド・クロカントをまぶすことで、食感にアクセントを与える。

## 材料 （直径 16cm × 4cm の円型 6 台分）

［メレンゲ・シュクセ］（15 枚分）

| | |
|---|---|
| 卵白 | 300g |
| グラニュー糖 | 400g |
| スキムミルク | 25g |
| アーモンドプードル | 150g |
| 粉糖 | 150g+ 適量 |

［クレーム・シュクセ］

ムラング・イタリエンヌ

| | |
|---|---|
| 卵白 | 160g |
| グラニュー糖 | 240g |
| 水 | 適量 |

パータ・ボンブ

| | |
|---|---|
| 卵黄 | 100g |
| シロップ (30° B) | 150g |
| プラリネ・アマンド | 300g |
| 無塩バター | 300g |
| 生クリーム (35%) | 550g |

［アマンド・クロカント］

| | |
|---|---|
| グラニュー糖 | 250g |
| 水 | 適量 |
| アーモンド (刻んだもの) | 250g |

| | |
|---|---|
| クレーム・オ・ブール | 適量 |
| 粉糖 | 適量 |
| カカオパウダー | 適量 |

## 作り方

［メレンゲ・シュクセ］

**1** グラニュー糖とスキムミルクを混ぜ合わせる
（a）。
※混ぜておくとスキムミルクがだまにならない

**2** 卵白と1を少量、ミキサーで回す（b）。

**3** 立ってきたら、残りの1を入れ、しっかりと
立てる（c）。

**4** アーモンドプードルと粉糖 150g を合わせ
（d）、3に加える（e）。
※混ぜ残しがないように注意

**5** 13mm の丸口金をつけた絞り袋にメレンゲ・
シュクセを入れ、天板に直径 15cm 程度の
渦巻き状に絞る（f）。

**6** 粉糖を 2 回ふる（g）。1 回目にふった粉糖が
溶け始めたら、2 回目の粉糖をふる。

**7** 120℃のオーブンで 2 時間焼成する（h）。

［クレーム・シュクセ］

**1** グラニュー糖、水、卵白でムラング・イタリ
エンヌを作る。
※作り方は P.53 参照

2 パータ・ボンブを作る。シロップを沸かし、卵黄に加える(i)。

3 裏ごし、立てながら火にかける(j)。

4 72℃になったら火からおろし、氷水にあてて冷ます(k)。

5 プラリネ・アマンド、バター、3のパータ・ボンブをミキサーで回す(l)。

6 滑らかになったらボウルに移し、1のムラング・イタリエンヌを少し入れてよく混ぜ合わせる(m)。

7 残りのムラング・イタリエンヌを加える。

8 泡立てた生クリームを加え、混ざるか混ざらないかのところで止める(n)。

[アマンド・クロカント]

1 鍋にグラニュー糖と浸る程度の水を入れ火にかけ、117℃まで温める(o)。

2 火を止め、アーモンド(刻んだもの)を加え混ぜる(p)。
　※最初はべたつくが、だんだんと結晶化してくる

3 ぱらぱらにほぐし、火に戻して、ほぐしながらカラメリゼする(q)。

4 火からおろし、混ぜながら冷まして、ぱらぱらにほぐす(r)。

[組み立て]

1 型にビニールを敷き、メレンゲ・シュクセをおく(s)。

2 クレーム・シュクセを300g入れ、表面を平らにならし(t)、冷凍庫で冷やしかためる。

3 型から外し、ビニールをとる。

4 メレンゲ・シュクセにクレーム・オ・ブールを塗り、3の上におく(u)。

5 表面にクレーム・オ・ブールを薄く塗る(v)。

6 側面にアマンド・クロカントをまぶす(w)。
　※クレームがしまる前にクロカントをまぶす

7 粉糖とカカオパウダーをふる(x)。

# Poire Dacquoise

ポワール・ダックワーズ

森本 慎

§

メレンゲ生地は、土台や底生地として使われることが多い。

メレンゲそのものをもう少し主張させたいと選んだのが、この菓子である。

ダックワーズのサクサクとした食感とコクのあるプラリネ・フイユティーヌ、

洋ナシがよく合う。

ダックワーズを作る際は、まずは、しっかりとしたメレンゲを作ることが大切である。

特にこの生地の場合は、タンプルタンを使うので、

つまり、アーモンドの油脂分が加わるので、生地が落ちやすい。

それを防ぐために、ピンと角の立ったメレンゲを作る必要がある。

そして、タンプルタンなど粉類を入れたら手早く混ぜ合わせ、

早くオーブンに入れるようにする。

## 材料 (10 個)

［ダックワーズ］
卵白 ———————————— 144g
グラニュー糖 ——————— 54g
タンプルタン ——————— 180g
薄力粉 ————————————— 27g
強力粉 ————————————— 5g

粉糖 ———————————— 適量

［クレーム・マロン］
クレーム・パティシエール —— 100g
　→ P.86 参照（クレーム・コンデ内）
パート・ドゥ・マロン ———— 100g

［プラリネ・フイユティーヌ］
ミルクチョコレート ———— 122g
プラリネ ————————— 135g
フイユティーヌ —————— 95g
リ・スフレ —————————— 34g

洋ナシ（缶詰め）—————— 10 個
ナパージュ ————————— 適量
マロンのコンフィ（適当にカットしたもの）
　————————————————— 適量
グロゼイユ ————————— 適量

## 作り方

［ダックワーズ］

**1** 天板に紙を敷き、水で濡らした直径 7cm ×
高さ 1.5cm のタルトリングをおく（a）。
※水で濡らしておくと、きれいに外れやすい

**2** 卵白を泡立て、立ってきたら、グラニュー糖
を加え、ピンと角が立つまで立てる（b）。

**3** タンプルタン、薄力粉、強力粉を合わせ、**2**
に加える（c）。

**4** 大きめの丸口金（10 番または 11 番）をつけ
た絞り袋にダックワーズ生地を入れ、**1** に絞
り入れる（d）。

**5** 表面を平らにならし（e）、タルトリングを外し、
粉糖をふる（f）。

**6** 180℃のオーブンで 15 分焼成する（g）。

［プラリネ・フイユティーヌ］

**1** ミルクチョコレートを湯煎で溶かし（h）、プラリネを加える（i）。

**2** フイユティーヌと、リ・スフレを加える（j）。
　※つながればOK

［クレーム・マロン］

**1** クレーム・パティシエールとパート・ドゥ・マロンをミキサーで回し、滑らかにする（k）。

［組み立て］

**1** 洋ナシを、断面を下にし、3〜4mm幅にスライスする（l）。

**2** 直径6cmのセルクルに入れ、広げながら寝かせる（m）。

**3** 冷凍庫で冷やしかためる（n）。

**4** バーナーで焼き色をつけ、再度冷凍庫で冷やしかためる（o）。

**5** ダックワーズにプラリネ・フイユティーヌ約20gをおく（p）。

**6** 7番の丸口金をつけた絞り袋にクレーム・マロンを入れ、約20g絞り出す（q）。

**7** 4の洋ナシをおき、ナパージュを塗る（r）。

**8** マロンのコンフィとグロゼイユを飾る（s）。

# Macarons Cassis-Marron

マカロン・カシス・マロン
菅又亮輔

§

マカロン生地はメレンゲがベースだ。
卵白だけでなく乾燥卵白も使う。
これは、より安定感のある生地を作るためだ。
乾燥卵白はグラニュー糖と合わせてから使うが、
このときしっかり混ぜておくことが大事である。
というのも、乾燥卵白はダマになりやすいからだ。
そしてふるった粉類を加えたら、カードに持ち変え、
生地をボウルの側面に押しつけるようにして、
泡をつぶし、つやが出るまで混ぜるのもポイントである。
クリームだけでなく、マロンコンフィもしのばせ、
食べたときに楽しい驚きとなるようにした。

## 材料 (60 個分)

### ［パータ・マカロン］

**カカオ生地**

| | |
|---|---|
| 卵白 | 85g＋85g |
| 粉糖 | 225g |
| アーモンドプードル | 225g |
| 水 | 85g |
| グラニュー糖 | 225g＋20g |
| 乾燥卵白 | 2g |
| カカオパート | 5g |

**赤い生地**

| | |
|---|---|
| 卵白 | 85g＋85g |
| 粉糖 | 225g |
| アーモンドプードル | 225g |
| 水 | 85g＋85g |
| グラニュー糖 | 225g＋20g |
| 乾燥卵白 | 2g |
| 色素 (赤) | 適量 |

### ［コンフィチュール・カシス］

| | |
|---|---|
| ピューレ・カシス | 500g |
| ピューレ・シトロン | 20g |
| グラニュー糖 | 400g |
| ペクチン LN-SN-325 | 4g |

### ［クレーム・オ・ブール・カシス］

| | |
|---|---|
| クレーム・オ・ブール | 800g |
| → P.117 参照 | |
| コンフィチュール・カシス | 110g |

| | |
|---|---|
| マロンコンフィ | 適量 |

## 作り方

### ［パータ・マカロン］

**1** カカオ生地を作る。鍋にグラニュー糖 225g と水を入れ、116℃まで温める(a)。

**2** グラニュー糖 20g と乾燥卵白を混ぜる。

**3** アーモンドプードルと粉糖を粗めのざるでふるう。

**4** 卵白 85g を泡立て、5 分立てになったら、**2** を加える(b)。

**5** **1** を少しずつ加えて、ムラング・イタリエンヌを作る(c)。

**6** 50℃でミキサーから外す(d)。

**7** カカオパートを 40℃に温めて **6** と混ぜ合わせる(e)。
※マーブルぐらいで止める

**8** 卵白 85g を加える(f)。

**9** **3** と合わせ、粉気がなくなり、なめらかになるまで混ぜる(g)。

**10** 丸口金をつけた絞り袋に入れ、直径 5cm の円に絞る(h)。

**11** 常温に 15 〜 20 分おき、150℃のオーブンで 7 分、145℃に下げてさらに 6 分焼成する。

**12** 同じ要領で、赤い生地を作る。**7** の工程を除き、**8** で卵白と一緒に色素を加える(i)。

a

b

c

d

e

f

g

h

i

［コンフィチュール・カシス］

1 鍋にピューレ・カシスとピューレ・シトロン
を入れて火にかける。

2 グラニュー糖とペクチンを合わせ、3回に分
けて1に加える(j)。

3 完全に沸騰したら、そのまま1分程度火に
かけ、軽く煮詰める(k)。

4 天板に広げる(l)。
※蒸気を飛ばす

［クレーム・オ・ブール・カシス］

1 クレーム・オ・ブールをミキサーで回す。

2 22〜23℃になったらコンフィチュール・カ
シスを加え(m)、しっかり混ざったらミキサー
から外す(n)。

［組み立て］

1 丸口金をつけた絞り袋にクレーム・オ・ブー
ル・カシスを入れ、カカオ生地のマカロンに
絞り出す（o)。赤い生地のマカロンにも少し
絞り出す(p)。

2 コンフィチュール・カシスをコルネに入れ1
〜2g絞り出し(q)、マロンコンフィをおき(r)、
カカオ生地のマカロンをかぶせる(s)。

3 冷蔵庫で一晩休ませる。
※マカロンとクリームをなじませる

# Partie
# 10

## Pâte à Crêpes
パータ・クレープ

フランスで広く親しまれている菓子のひとつにクレープがある。

屋台などで売られており、大きく薄いクレープを焼き、

グラニュー糖をふりかけたり、コンフィチュールなどを包んだりして食べる。

気軽な趣の菓子で、専用の器具がなくても、

フライパンで手軽に作ることができる。

生地も焼き方も、特に難しいことはないが、

作った生地は、何時間か、できれば一晩ぐらい休ませてから使うとよい。

作ってすぐは比較的しゃばしゃばした状態だが、

しばらくおくことで生地全体が馴染み、しっとりとした状態になる。

フライパンはあらかじめ熱しておき、生地を流し入れる。

薄く大きく焼くときは、生地を注ぎ入れて、フライパンを回すと、

一面にきれいに広がる。

# Crêpe Soufflée Martiniquaise

クレープ・スフレ・マルティニケーズ

金子美明

§

クレープ生地の食感を変えてみようと加えたのが、ジャガイモを茹でて裏ごしをしたもの。

ジャガイモが入ることであえてつながりが悪い、ぽそっとした感じを出した。

そのため、先に粉を入れ、まずは生地をしっかり練って、グルテンを出す。

そして、最後にジャガイモを加え、グルテンを切るのである。

これが独特の食感につながる。

ちょっと野暮ったい感じがこの菓子の持ち味なので、

家庭でクレープを焼く感じで、厚めに仕上げた。

スフレの軽さ、アングレーズソースの甘さ、

ソテーしてラム酒を効かせたバナナのバランスも絶妙である。

## 材料 (8人分)

[アパレイユ・ア・クレープ]
強力粉 ————————— 100g
全卵 ————————————— 2個
牛乳 ————————————— 200g
ジャガイモ (メークイン) ——— 225g
無塩バター ————————— 30g

[ソース・アングレーズ]
牛乳 ————————————— 250g
卵黄 ————————————— 3個分
グラニュー糖 ————————— 63g
ヴァニラビーンズ ————— 1/4本

[アパレイユ・ア・スフレ]
クレーム・パティシエール —— 300g
卵黄 ————————— 60g+110g
グラニュー糖 ————————— 64g
コーンスターチ ————————— 20g
牛乳 ————————————— 250g
ヴァニラビーンズ ————— 1/4本
卵白 ————————————— 300g
グラニュー糖 ———————— 100g

[バナーヌ・ソテー]
バナナ ————————————— 6本
無塩バター ————————— 80g
グラニュー糖 ————————— 40g
ラム酒 ————————————— 適量

バター ————————————— 適量
ラム酒 ————————————— 適量

## 作り方

### ［アパレイユ・ア・クレープ］

1 ジャガイモは茹でて、皮をとり、裏ごしする（a）。

2 ボウルに強力粉と全卵を入れ、卵をほぐしながら混ぜる（b）。

3 まとまってきて練りづらくなったら、牛乳を少量加える（c）。

4 ある程度粘りが出てきたら、残りの牛乳を3〜4回に分けて加える（d）。
　※よく混ぜてグルテンを出す

5 1のジャガイモに4を3〜4回に分けて加える（e）。

6 鍋にバターを入れて火にかけ、焦がしバターを作る（f）。
　※焦げ過ぎないよう、常にかき混ぜる

7 焦げてきたら水で冷やし（g）、5に加える（h）。

8 冷蔵庫で一晩休ませる。

a

b

c

d

e

f

g

h

### ［バナーヌ・ソテー］

1 バナナは皮を剥き、1cm程度にスライスする（i）。

2 フライパンにバターを入れ、火にかける（j）。

3 バターが溶け始めたら、グラニュー糖をふり（k）、1のバナナのスライスを並べる（l）。

4 グラニュー糖がカラメリゼし、バナナがやわらかくなったら、ラム酒を注ぎ、フランベする（m）。
　※焦がすぐらいが目安

i

j

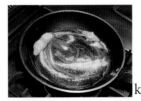
k

l

m

［アパレイユ・ア・スフレ］

**1** クレーム・パティシエールを作る。ヴァニラ
ビーンズのさやを縦にさき、内側の種子をこ
そげとる。

**2** 卵黄 60g と半量のグラニュー糖をすり合わ
せ、コーンスターチを加える(n)。

※最初にすべてのグラニュー糖を使うと、コーンス
　ターチが混ざりにくいので半量使う

**3** 銅鍋に牛乳、残りのグラニュー糖、1 のヴァ
ニラビーンズの種子とさやを入れ、火にか
ける(o)。

**4** 沸騰したら 1/4 量ほどを 2 に入れてのばし、
3 に戻す(p)。

※このとき沸騰している状態を保つ

**5** 絶えずかき混ぜ、ぶくぶくしてきたら、火か
らおろす(q)。

**6** バットに広げ、ビニールをし、冷めたら冷蔵
庫で 10 分冷やす(r)。

**7** ヴァニラビーンズのさやをとり、ホイッパー
でやわらかくする(s)。

**8** 卵黄 110g を 3 回に分けて加え（t）、裏ごし
する(u)。

**9** 卵白とグラニュー糖をミキサーで回し、メレ
ンゲを作る(v)。

**10** 8 に 9 のメレンゲを少量加え、混ざったら残
りのメレンゲを加える(w)。

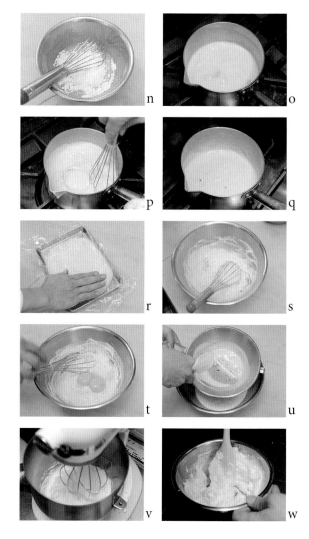

［ソース・アングレーズ］

1 ヴァニラビーンズのさやを縦にさき、内側の
　種子をこそげとる。

2 卵黄とグラニュー糖を合わせる(x)。
　※ソースなので、あまりすり合わせず、空気を入れ
　　ないようにする

3 銅鍋に牛乳と1のヴァニラビーンズの種子と
　さやを入れ、火にかける(y)。

4 沸騰したら火を止め、2に1/4量ほどを入れ
　てのばし(z)、3に戻す(a')。

5 火にかけ82℃まで温める(b')。

6 裏ごし、氷水につけて冷やす(c')。

［組み立て］

1 フライパンにバターを塗り、火にかけ、アパ
　レイユ・ア・クレープを広げる(d')。

2 表面が乾いてきたら火を止め、バナーヌ・
　ソテーをのせる(e')。

3 アパレイユ・ア・スフレをスプーンでバナナ
　の上にのせる(f')。

4 フライパンに皿をおき(g')、逆さにして生地
　を皿に移す(h')。

5 形を整え、180℃のオーブンで8分焼成する
　(i')。

6 ソース・アングレーズを周りに流し(j')、ラ
　ム酒をふりかける(k')。

# Galette de Serrazin

そば粉のガレット

藤生義治

§

ブルターニュの郷土料理で、
日本でも専門店などができ親しまれているクレープが、
そば粉を使ったガレットである。
店にはティールームがあるので、せっかくだから菓子だけでなく、
ランチや小腹が空いたときに食べられるものを作りたいと思って始めた。
そば粉は山形産のものを使用。風味がよく、気に入っている。
生地は、作ってすぐはさらさらの状態なので、少し休ませて使う。
店では前日に仕込んだ生地を使うようにしている。
焼くときは、フライパンを充分に熱することと、
生地が薄いので焦がさないように注意を。

## 材料 (1皿分)

| [パータ・クレープ] (約10枚分) | | ベーコン | 2枚 |
|---|---|---|---|
| そば粉（白） | 125g | 卵 | 1個 |
| そば粉（黒） | 125g | とろけるチーズ | 約30g |
| グラニュー糖 | 30g | バター | 適量 |
| 塩 | 5g | 塩 | 適量 |
| 全卵 | 2個 | 黒コショウ | 適量 |
| 牛乳 | 550g | ドライ・パセリ | 適量 |
| 溶かしバター | 100g | パプリカパウダー | 適量 |

## 作り方

### ［パータ・クレープ］

1 そば粉、グラニュー糖、塩を合わせ、全卵を加える(a)。

2 人肌程度に温めた牛乳を加える(b)。

3 溶かしバターを加える(c)。

4 生地を休ませる(d)。
※店舗の場合は、前日に仕込んでおくとよい

a

b

c

d

### ［組み立て］

1 ベーコンを半分に切り、フライパンで焼く(e)。
※カリカリにしない

2 ベーコンを取り出し、卵を半熟の目玉焼きにする(f)。

3 クレープパンにバターを溶かし、余分な油をとり、煙が立つぐらいになったら、パータ・クレープをレードル約1杯分入れる(g)。
※クレープパンをしっかり温めないと白っぽく焼き上がる

4 クレープパンを前後左右に動かし、パータ・クレープを薄く広げる(h)。

5 ふちがパリパリしてきたら、塩、黒コショウをふり(i)、とろけるチーズ約30g(j)、2の目玉焼き、1のベーコンをおく(k)。

6 折り目を4カ所に入れ、折りたたむ(l)。
※具が見えるようにする

7 皿に盛り、ドライ・パセリとパプリカパウダーをふり、仕上げる(m)。

e

f

g

h

i

j

k

l

m

# Crêpe Bouquette

クレープ・ブケット

鮒澤信次

§

菓子屋、というよりも家庭で作る菓子に近いかもしれない。

なので、わざと厚さをもたせてぼってりさせ、それらしい雰囲気にした。

クレープ・ブケットは、クリスマスのときに小腹を満たすために食されるようで、

感覚としては菓子というよりスナックに近いだろう。

生地そのものは難しいものではないが、最低でも1時間、できれば一晩休ませたい。

そうすることで生地が落ち着く。

生地にはラード、そば粉が入ることで、軽やかさと香ばしさを持った風味になる。

好みでそば粉の分量程度の薄力粉を増やし、

ラードをバターに変えてもよい。

## 材料 <small>(13 枚分)</small>

[パータ・クレープ]
| | |
|---|---|
| そば粉 | 100g |
| 薄力粉 | 100g |
| グラニュー糖 | 150g |
| 塩 | 2g |
| 全卵 | 240g |
| 無糖ヨーグルト | 60g |
| ビール | 100g |
| 生イースト | 8g |
| 水 | 110g+適量 |
| ラード | 60g |

| | |
|---|---|
| カレンツ | 100g |
| サラダ油 | 適量 |

## 作り方

[パータ・クレープ]

1 ボウルにそば粉、薄力粉、グラニュー糖、塩を入れ、混ぜ合わせる（a）。

2 全卵を加える（b）。

3 無糖ヨーグルトを加える（c）。

4 ビールを加える（d）。

5 水を少量加え、ふやけさせた生イーストを加える（e）。

6 水 110g を加える（f）。

7 80℃にして溶かしたラードを少しずつ加え、1 時間以上休ませる。

※前日に仕込んでおくとよい

[組み立て]

1 直径 10cm のフレキシパンの内側に油を吹きかけ（g）、ドロッパーで生地を 60g 入れる（h）。

2 カレンツを 12 〜 15 粒おき、少し休ませる（i）。

3 230℃のオーブンで 25 分程焼成する（j）。

# 生地づくりの注意点 その3

本書で紹介している各生地を作る際の注意点をまとめて紹介。
生地を作る上で、よくある疑問を取り上げ、解説していく。

## Q9

焼き上がったジェノワーズの表面に
しわが寄ってしまった……。

　ジェノワーズがよい状態で焼き上がった場合、全体
に焼き縮みがなく、表面にしわもない。表面にしわが
寄ったということは、焼き縮んでいるということ。原因は、
「生地の比重が軽過ぎた」「オーブンの温度が低い」「焼
き時間が長い」「焼き足りない」といったことが考えら
れる。
　生地の比重が軽いということは、気泡が多いという
こと。膨らみはよいのだが、粉を混ぜるときに回数が
少なくグルテンが充分に出ていないので、生地を支え
きれず、ボリュームが下がってくるのが原因である。オー
ブンの温度が低いと、焼き時間は必然的に長くなる。
すると、水分がたくさん蒸発するため、焼き縮んでし
まう。逆に焼き足りないと、水分の蒸発が充分ではな
いので、オーブンから出して温度が下がった環境では、
しぼんでしまうのである。

## Q10

ビスキュイ生地はどのような
でき上がりが望ましいのか？

　パータ・ビスキュイはパータ・ジェノワーズと比較し
て、流動性が低く、ヘラなどですくったときに、ゆっく
りと落ちるぐらいのかたさが、ベストな仕上がりである。
そのためには、卵白の気泡を壊さないようにして生地
を混ぜるように心がけること。混ぜ過ぎると、流れ落
ちる生地になってしまう。絞り出して使うこともあるビ
スキュイ生地は、このような状態で使うと表面が広がっ
てしまい、ふっくらと焼き上がらない。

## Q11

パータ・ケークを作るときに、バターに
砂糖を加えても白っぽくならない……。

　バターのかたさが適当でなかったのが原因。バター
は、かた過ぎてもやわらか過ぎても空気を含ませるこ
とができない。こういった失敗は、やわらか過ぎるた
めに起こることが大半である。バターは一旦溶けると、
クリーミング性を失い、空気を含ませることができなく
なり、白っぽくならず、再度冷やしかためても、もとの
構造に戻らないのである。
　では、適当なかたさのバターとはどのくらいなのか。
指で押したときに、すーっと入るぐらいで、最初すり合
わせるときに、やや抵抗を感じるぐらいである。

## Q12

パータ・ケークの焼き上がりの
割れ目をきれいに作る方法とは。

　バター生地は、焼いている間に膨らんで、割れ目が
できる。しかし、自然にできるのを任せたままだと仕上
がりはまちまち。そこで、少し手を施してやると、中央
に1本の線が入ったようにきれいな割れ目を作ること
ができる。
　その方法はいくつかあるが、焼いている途中で一旦
取り出し、ナイフで切れ目を入れるのもそのひとつ。こ
のとき、オーブンを開けるので、生地の温度が下がら
ないように手早い作業が求められる。生地の上に、や
わらかくしたバターやショートニングを細く絞るやり方
もある。油脂を絞った部分は、焼いても乾燥しにくく、
そこから水蒸気が外に逃げようとする。そうして、き
れいな1本筋の分け目ができるのである。

# Crêpe Fourré

クレープ・フーレ

森本 慎

§

よくあるクレープは、薄く焼いてグラニュー糖をふりかけて食べるもの。
あとはクレープ・シュゼット、
ブルターニュでは、そば粉のガレットといったところだろうか。
これらのクレープとは印象の異なる、
ちょっと遊び心のあるものをと今回作ったのが、クレープ・フーレである。
サブレの土台に、クレーム・ブリュレを包んだクレープをのせたものだ。
クレモーや彩りでフランボワーズを効かせた。
クレープを作るにあたっては、難しいことはないが、
あえて言えば、焼くときに強火で一気に焼き色をつけるようにするとよい。

## 材料 (10個分)

### ［パータ・クレープ］（約10枚分）

| | |
|---|---|
| 薄力粉 | 125g |
| グラニュー糖 | 12g |
| 塩 | 1.2g |
| 全卵 | 2個 |
| 牛乳 | 250g |
| 水 | 125g |
| 溶かしバター | 25g |
| | |
| バター | 適量 |

### ［サブレ・ブルトン］

| | |
|---|---|
| 無塩バター | 166g |
| 粉糖 | 100g |
| 卵黄 | 2個分 |
| 塩（ゲランド） | 1.5g |
| 薄力粉 | 166g |
| ラム酒 | 16g |

### ［クレムー・フランボワーズ］

| | |
|---|---|
| フランボワーズ・ピューレ | 200g |
| 卵黄 | 60g |
| 全卵 | 75g |
| グラニュー糖 | 60g |
| 板ゼラチン | 3g |
| 無塩バター | 75g |

※分量は作りやすい量

### ［クレーム・ブリュレ］（20個分）

| | |
|---|---|
| 牛乳 | 200g |
| 生クリーム | 100g |
| グラニュー糖 | 83g |
| 卵黄 | 4個分 |
| ヴァニラビーンズ | 1/4本 |

### クレーム・シャンティイ（8%加糖）

| | |
|---|---|
| | 100g |
| フランボワーズ | 30粒 |
| ヴァニラビーンズのさや | 10本 |
| フリーズドライ・フランボワーズ | |
| | 適量 |
| 粉糖 | 適量 |

## 作り方

### ［パータ・クレープ］

1 ボウルに牛乳、水、全卵を入れ、全体を混ぜながら卵を軽くときほぐす（a）。

2 薄力粉、グラニュー糖、塩を一気に混ぜ加える（b）。
   ※練らないようにする。多少のダマがあってもOK

3 溶かしバターを加え、シノワで漉す（c）。

4 一日休ませる。

5 フライパンにバターを少量入れ、火にかける（d）。

6 バターが溶けたら余分な脂をキッチンタオルなどで拭く（e）。

7 パータ・クレープをレードル1〜1.5杯入れる（f）。

8 フライパンを前後左右に動かし、パータ・クレープを薄く広げ、中火から強火で焼く（g）。

9 ふちが色づき表面が乾いてきたら（h）、裏返す。

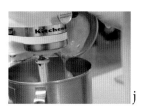

### ［サブレ・ブルトン］

1 常温に戻しておいたバター、粉糖、塩をミキサーで回し、ポマード状にする（i）。

2 卵黄を加える（j）。

3 ラム酒を加える。

4 薄力粉を加える（k）。
   ※粉気がなくなり、全体がつながればOK

5 冷蔵庫で一晩休ませる。

6 パイシーターで6mmの厚さにのばす（l）。

7 直径7cmのタルトリングで抜き、タルトリングごと天板におく（m）。

8 160℃のオーブンで25〜30分焼成する（n）。

［クレムー・フランボワーズ］

**1** バター以外の材料（板ゼラチンは水でふやか
しておく）を鍋に入れ火にかける（p）。

**2** ふつふつしてきたら火からおろし、氷水にあ
てて 25 〜 30℃まで冷ます（q）。

**3** 常温に戻しておいたバターを加え（r）、ハン
ドブレンダーで混ぜ、乳化させる（s）。

**4** 冷蔵庫で一日休ませる（t）。

 p
 q
 r
 s
 t

［クレーム・ブリュレ］

**1** ヴァニラビーンズのさやを縦にさき、内側の
種子をこそげとる（u）。

**2** 鍋に1のヴァニラビーンズの種子とさや、牛
乳、生クリームを入れて火にかける（v）。

**3** 卵黄とグラニュー糖をすり合わせる（w）。
※このとき、なるべく空気を含ませないようにする

**4** 2 が人肌程度に温まったら、3 に加え（x）、
シノワで漉す（y）。

**5** 直径 4cm の円型のフレキシパンに流し入れ
（z）、表面の泡をバーナーで消す（a'）。

**6** 100℃のオーブンで 20 分焼成する。

 u
 v
 w
 x
 y
 z
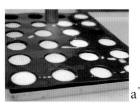 a'

［組み立て］

**1** 土台を作る。ガレット・ブルトンの上に、ク
レムー・フランボワーズ 10g をひと回り小さ
く絞り出す（b'）。

**2** クレープにクレーム・シャンティイを絞り
（c'）、その上にクレーム・ブリュレをおく（d'）。

**3** クレーム・ブリュレを覆うようにクレーム・シャ
ンティイを絞る（e'）。

**4** フランボワーズを 3 粒おく（f'）。

**5** クレープで包み、（茶巾絞りの要領で）ヴァ
ニラビーンズのさやで結ぶ（g'）。

**6** フリーズドライ・フランボワーズをふり（h'）、
粉糖をふって **1** の土台の上におく（i'）。

b' c' d' e' f' g' h' i'

# Crêpe Suzette

クレープ・シュゼット

菅又亮輔

§

クレープを使う代表的なデザートとして
真っ先に名前が挙がるのが、クレープ・シュゼットではないだろうか。
カラメルソースとオレンジソースが合わさり、
クレープにしっかり含ませるのが、おいしく仕上げるコツである。
クラシックなレストランなどでは、
オレンジリキュールでフランベする演出を行ってから、
サーヴすることも少なくない。
もちろん重厚な様相で仕上げてもいいのだが、
そこに新鮮さを加えたくなって作ったのがこのレシピである。
小さくカットしたオレンジとゼストを散らすだけで、
ぐっとモダンな仕上がりになった。

## 材料 (1皿分)

[パータ・クレープ] (10〜12枚分)

| | | | |
|---|---|---|---|
| 薄力粉 | 75g | オレンジジュース | 200g |
| グラニュー糖 | 40g | グラニュー糖 | 80g |
| 全卵 | 85g | 無塩バター | 30g |
| 牛乳 | 250g | グランマルニエ | 適量 |
| 溶かしバター | 25g | オレンジ | 適量 |

サラダ油 —————— 適量

## 作り方

[パータ・クレープ]

1 ボウルに薄力粉、グラニュー糖を入れ、全卵を少しずつ加える(a)。

2 牛乳を30〜35℃に温め、2回に分けて加える(b)。

3 溶かしバターを加える(c)。

4 シノワで漉し、冷蔵庫で一晩休ませる(d)。

5 フライパンにサラダ油をひき中火にかけ、4をレードル1/3〜1/2量広げる(e)。

6 ふちが色づいてきたら(f)、竹串でひっくり返す(g)。

［組み立て］

1 フライパンにグラニュー糖を入れて火にかける(h)。

2 飴色になったらバターを入れてしっかり煮立て(i)、オレンジジュースを加える(j)。

3 クレープ4枚を1/4に畳んで入れる(k)。

4 クレープに含ませるようにゆっくりと煮て、軽くとろみがついたら(l)、グランマルニエでフランベする。

5 皿に盛り、オレンジを一口大にカットしておき、ゼストを削って散らす。

# Partie

# 11

## Pâte à Frire
パータ・フリール

フランスでは、揚げ菓子は、伝統的に祭りのときに見られる。

通常は揚げ菓子をおかない菓子屋も、この期間だけはおいたりするようだ。

また、屋台などで出されるケースも多い。

揚げ菓子の場合、基本となる生地があるわけではなく、

シュー生地を揚げたり、

ベニエのようにイーストを使った発酵生地を使ったりする。

本書では紹介していないが、フルーツを衣で包んで揚げるベーニェも、

パータ・フリールを使った菓子のひとつである。

このときに使う衣もイーストを使ったり、ビールやメレンゲを使ったりと、

バリエーションはいろいろあるようだ。

うまく作るために共通していえるのは、揚げる温度を守ること。

そして、熱々の状態で食べるのがベストである。

# Churros

チュロス
金子美明

§

ご存知の通り、チュロスはフランスではなく、スペイン菓子であるが、
あるレストランで出てきたときにとても強く印象に残ったので、
本書の揚げ菓子にアシエット・デセールとして作ってみた。
アシエット・デセールは、単に菓子を皿の上に置き換えたものではなく、
材料やプロセスを工夫し、全体に奥行きを持たせる必要がある。
このチュロスの場合は、ソースがそれ。
パイナップルジュースをベースに、
黒コショウ、カルダモン、バルサミコ酢を加えた甘くスパイシーなものである。
こういうものは、菓子というより、料理的なアプローチが求められる。
チュロスは、揚げるときの温度がポイント。
少し低めの160℃でじっくりと揚げるとよい。

## 材料 （10 個分）

[パータ・チュロス]

| | |
|---|---|
| 牛乳 | 200g |
| 発酵バター | 80g |
| グラニュー糖 | 4g |
| 塩 | 4g |
| ヴァニラパウダー | 適量 |
| 薄力粉 | 160g |
| 全卵 | 144g |

| | |
|---|---|
| サラダ油 | 適量 |
| グラニュー糖 | 適量 |
| ライムの皮 | 適量 |
| 粉糖 | 適量 |

[ソース・エピセ]

| | |
|---|---|
| グラニュー糖 | 50g |
| パイナップルジュース | 150g |
| 黒コショウ | 適量 |
| カルダモン | 2 粒 |
| ショウガ（おろしたもの） | 1g |
| オレンジの皮（おろしたもの） | 1/4個分 |
| バルサミコ酢 | 適量 |

## 作り方

[パータ・チュロス]

1 鍋に牛乳、バター、グラニュー糖、塩を入れ火にかける(a)。

2 沸騰したら火を止め、薄力粉を一気に加え、手早く混ぜる(b)。

3 ミキサーに移し、ヴァニラパウダーを加え(c)、全卵をほぐしたものを少しずつ加える(d)。

※途中、ミキサーを外し、周りについた生地をおとす

a
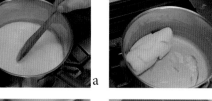
b

c

d

［ソース・エピセ］

1 鍋にグラニュー糖を半量入れ、火にかける（e）。

2 1のグラニュー糖が溶けたら、残りのグラニュー糖を加える。

3 煙が出始めたら、温めたパイナップルジュースを加える（f）。

4 黒コショウ、カルダモン、ショウガ、オレンジの皮を加える（g）。

5 とろみが多少ついたら、バルサミコ酢を少量入れる（h）。

6 裏ごしし（i）、水をはったボウルで冷やす（j）。

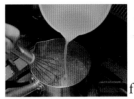

［組み立て］

1 パータ・チュロスを、星口金をつけた絞り袋に入れる。

2 鍋にサラダ油を入れ160℃になったら、1を絞り落とす（k）。

3 形を整え（l）、きつね色になったら（m）、火からあげる。

4 グラニュー糖をまぶし（n）、ライムの皮をおろしながらふり、軽く粉糖をふる（o）。

5 ソース・エピセを添える。

# Beignet Soufflé

ベニエ・スフレ

藤生義治

§

フランスにおける揚げ菓子は、

縁日っぽいというかマルシェっぽいニュアンスのもので、

店頭に並ぶ菓子というわけではない。

ただ、菓子屋で作らないわけではなく、祭りなどの機会に登場したりはする。

日本でいう屋台の食べ物に近いノリかもしれない。

菓子には、サレと呼ばれる塩気が入った甘くないものもあり、

そのひとつがベニエ・スフレ。

カジュアルな菓子だが、揚げ立ては格別の美味しさである。

この菓子の場合、油のなかでぷくっとさせることが大事。

温度が低いと生地が膨らまず、高いと広がり過ぎる。170℃が適温である。

## 材料 <small>(約100個分)</small>

[パータ・フリール]
パータ・シュー ─────── 200g
　→ P.176 参照
チーズ ─────────── 50g
※グリュイエール (エメンタールやカマンベールでも可) をおろしたもの
ドライ・パセリ ─────── 適量

サラダ油 ─────────── 適量
塩 ───────────── 適量
粉チーズ ─────────── 適量

## 作り方

[パータ・フリール]
1 パータ・シュー、チーズ、ドライ・パセリを
　合わせる(a)。

a

[組み立て]
1 パータ・フリールを、12番丸口金をつけた
　絞り袋に入れる(b)。
　※時間があれば冷蔵庫に入れておくと、作業がやり
　やすい

2 鍋にサラダ油を入れ170℃になったら(c)、1
　を1.5〜2cmの長さで絞り落とす(d)。

3 きつね色になり、ぷくっと膨れてきたら、火
　からあげる。

4 塩と粉チーズをふる(e)。

b

c

d

e

# 生地づくりの注意点 その4

本書で紹介している各生地を作る際の注意点をまとめて紹介。
生地を作る上で、よくある疑問を取り上げ、解説していく。

## Q13

シュー生地を作る際に、水分を沸騰させて、
小麦粉を加えるのはなぜか？

　シュー生地は、大きな空洞を作るために、材料となる生地には多量の水を含ませておく必要がある。沸騰した水分に小麦粉を加えると、デンプンが吸水して膨らみ、やわらかくなって糊のような粘りが生じる。これを糊化と呼び、熱い水分で糊化させることによって、常温のときに比べて、デンプンが多くの水分を抱えることができる。

　このとき、小麦粉に水をむらなく吸水させて、糊化が進む温度に一気にあげなければならない。だから、沸騰した水分に小麦粉を一度に加えるのである。

## Q14

糊化したシュー生地に
全卵を加える理由を教えてほしい。

　加熱したあとのシュー生地はまとまりがあるが、オーブンで焼いて空洞を作るためには水分が足りない。そこで生地に全卵を加えるのである。この際、水ではなく全卵を加えるのは、卵に含まれているタンパク質を生地に取り込むため。オーブン内で温められて膨らんだシュー生地は、生地の中のタンパク質が熱によってかたまり、シューがしぼまない役割をもっているのである。

## Q15

シューの風味をよくするためには
どうすればよいのか？

　材料の水を牛乳に変えると、風味がよくなる。それは、牛乳を加えることよって、生地に焼き色と香ばしい香りがつきやすくなり、結果、風味がよくなるためである。これらは、生地に含まれるタンパク質やアミノ酸と還元糖が加熱されることにより、アミノ–カルボニル反応が起こってできる。バターや小麦粉にもこれらの成分はあるが、牛乳にも含まれており、牛乳を加えることでこの反応が促進される。

　どのくらいの量の水分を牛乳に置き換えるかは人それぞれ。試して、ベストの配合を見つけよう。

## Q16

ムラング・イタリエンヌを作るときに、
なぜ砂糖をシロップにするのか？

　ムラング・イタリエンヌを作るときは、基本的に卵白の2倍の重量の砂糖を加える。これほどの量の砂糖を卵白に加えると、砂糖が卵白の水分を吸収し、泡立たなくなってしまう。そのため、砂糖を多く加えるために水に溶かし、シロップにして使う。砂糖が溶ける充分な量を加えて煮詰め、ある程度水分を飛ばしてから卵白に加える。シロップは、冷めるにしたがって粘性が強くなるので、メレンゲの保形性にも役立つ。

# Bugne Lyonnaise

## リヨン風揚げ菓子

鮒澤信次

§

ビューニュとは、揚げ菓子のこと。

この菓子は、リヨン地方に行くと食べられる。

古くからあり、祭りのときに食べられるようだ。

生地を練って作り、できあがったら休ませ、生地を落ち着かせるようにする。

2時間、可能であれば一晩寝かせるとよい。

家庭でも常備しているシンプルな材料を使う、とても素朴な趣の菓子である。

熱いうちにしっかり油を切り、グラニュー糖をまぶして食べる。

冷めてもいただけるが、揚げ菓子だけに、できたてはなんともいえぬ美味しさがある。

## 材料

[パータ・ビューニュ]
　薄力粉 ──────── 500g
　ベーキングパウダー ──── 10g
　グラニュー糖 ─────── 180g
　塩 ────────── 5g
　全卵 ────────── 120g
　卵黄 ────────── 120g

打ち粉 ──────── 適量

サラダ油 ──────── 適量
グラニュー糖 ─────── 適量

## 作り方

[パータ・ビューニュ]

1 ボウルに薄力粉、ベーキングパウダー、グラニュー糖、塩を入れ、軽く混ぜ合わせる(a)。

2 全卵と卵黄を加える(b)。

3 手でこね(c)、まとまってきたら作業台におく。

4 生地を練ってまとめる (d)。途中、打ち粉をふり、全体をまとめる。

5 ビニールで包んで冷蔵庫で2時間休ませる(e)。

6 軽く練り (f)、打ち粉をふった作業台でのばす(g)。
※このあと、ビニールの上に移動させるとあとの作業がやりやすい

7 ふちをカットし、ピケする(h)。

8 4cm幅に、次いで斜めに切って (i)、ダイヤ型にカットする(j)。

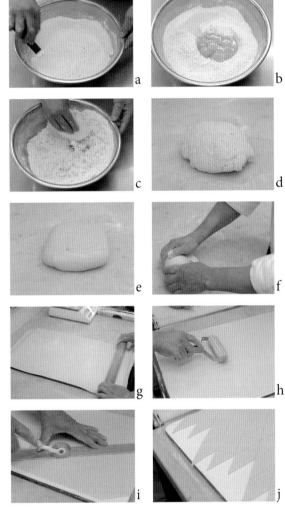

[組み立て]

1 鍋にサラダ油を入れ180℃になったら、パータ・ビューニュを入れる(k)。

2 こんがりと揚がったら、キッチンタオルをおいたバットの上で油をきる(l)。
※生地をのばして引っ張っているので、揚げるとふくらむが、揚げる前に冷蔵庫で休ませたりするとふくらまなくなる

3 グラニュー糖をまぶす(m)。

# Beignet

ベニエ

森本 慎

§

フランスでもそうだが、日本でも揚げ菓子をおいている店は稀だろう。
理由は、油で揚げるので、時間の経過に伴う劣化が早いからである。
とはいえ、おやつ感覚で気軽に食べられる菓子を、と思い、
店のラインナップに加えているのが、このベニエ。
ドーナツのフランス版のような菓子である。
中には、フランボワーズのコンフィチュールなどを入れる。
この生地は、発酵させるタイプだが、
意外と発酵が早いので、発酵させ過ぎないように注意すること。
あとは、揚げる温度と時間がポイントになる。
感覚に頼らず、片面 5 分ずつ 170℃ で揚げる。
試作を何度も繰り返し、たどり着いたベストである。

## 材料 (約25個分)

[パータ・ベニエ]

| | |
|---|---|
| 薄力粉 | 500g |
| グラニュー糖 | 55g |
| 塩 | 10g |
| レモンの皮 (おろしたもの) | 20g |
| ヴァニラビーンズ | 1本 |
| 牛乳 | 125g |
| 卵黄 | 5個分 |
| 全卵 | 1個 |
| イースト | 40g |
| ラム酒 | 5g |
| バター | 110g |

| | |
|---|---|
| 打ち粉 | 適量 |

[コンフィチュール・ドゥ・フラン
ボワーズ・ペパン]

| | |
|---|---|
| 冷凍ラズベリー (ブロークン) | 1000g |
| トレハロース | 450g |
| ペクチン | 20g |
| 水飴 | 312g |

※分量は作りやすい量

| | |
|---|---|
| サラダ油 | 適量 |
| ヴァニラシュガー | 適量 |
| 粉糖 | 適量 |

## 作り方

[パータ・ベニエ]

**1** ヴァニラビーンズのさやを縦にさき、内側の種子をこそげとる。

**2** 薄力粉、グラニュー糖、塩、レモンの皮 (おろしたもの)、1のヴァニラビーンズの種子を混ぜ合わせる(a)。

**3** 牛乳、卵黄、全卵、イースト、ラム酒を混ぜ合わせ、2に加える(b)。

**4** 軽く混ぜ、グルテンが出るまでミキサーで回す(c)。

**5** 2cm程度の賽の目に切ったバターを加える(d)。

**6** バターがしっかり混ざったら、ミキサーから外して(e)表面を張らせ、一日休ませる。

**7** 打ち粉をふった作業台に生地をおき、40gに分割する(f)。

**8** 手のひらで転がしながら生地を丸め(g)、軽くつぶして(h)、1時間〜1時間30分、ぷっくらと膨らむまで常温で発酵させる。

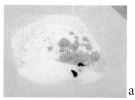
a

b

c

d

e

f

g

h

［コンフィチュール・ドゥ・フランボワーズ・ペパン］

1 冷凍ラズベリー（ブロークン）を鍋に入れる(i)。

2 残りの材料を加え(j)、糖度60°Bに煮詰める(k)。

［組み立て］

1 鍋にサラダ油を入れ170℃になったら、ベニエ生地を入れ、片面5分ずつ揚げる(l)。

2 こんがりと揚がったら、キッチンタオルをおいたバットの上で油をきる(m)。

3 冷めたらヴァニラシュガーにくぐらせる(n)。

4 細口金をつけた絞り袋にコンフィチュール・ドゥ・フランボワーズ・ペパンを入れ、ベニエの脇からコンフィチュール・ドゥ・フランボワーズ・ペパン23gを絞り入れる(o)。

5 粉糖をふる(p)。

# Pets de Nonne

ペ・ド・ノンヌ

菅又亮輔

§

揚げ菓子はフランス菓子にはあるものの、
店舗で提供することは稀だ。
使う生地は限られたもので、
パート・ルヴェのひとつであるブリオッシュ生地か
パータ・シューかといったところだ。
フランスに伝わる、パータ・シューを揚げた菓子に
ペ・ド・ノンヌがある。
直訳すると尼さんのおならという意味を持つこの菓子は、
一口大に揚げたパータ・シューに
シナモンシュガーをまぶしただけの、シンプルなもの。
素直かつ素朴な味わいで、懐かしのおやつといった趣がある。

## 材料 (作りやすい分量)

[パータ・シュー]
パータ・シュー───────── 適量
　→ P.190 参照

サラダ油───────── 適量

[シナモンシュガー]
グラニュー糖───────── 100g
シナモン───────── 5g

## 作り方

[シナモンシュガー]

1 グラニュー糖とシナモンを合わせる。

[組み立て]

1 パータ・シューを 15 番の星口金をつけた絞り袋に入れる。

a

b

c

2 鍋にサラダ油を入れ 160℃になったら、1 を絞り出し、パレットナイフなどでランダムに切り落とす(a)。

3 きつね色になったら火からあげ (b)、シナモンシュガーにまぶす(c)。

# 生地づくりの注意点 その5

本書で紹介している各生地を作る際の注意点をまとめて紹介。
生地を作る上で、よくある疑問を取り上げ、解説していく。

## Q17

メレンゲの種類を知りたい。

　製菓で使われる主なメレンゲには、ムラング・イタリエンヌ、ムラング・フランセーズ、ムラング・スイスがある。ムラング・イタリエンヌは、熱いシロップを加えて作るのが特徴で、バタークリームやムースに用いる。保形性を生かして、仕上げに使うこともある。ムラング・フランセーズは、加熱しないので、冷たいメレンゲ、ムラング・フロワドとも呼ばれ、卵白に砂糖を加えて作る。絞り出して乾燥焼きにしたり、モンブランやヴァシュランなどに用いたりもする。ムラング・スイスは、湯煎にかけて作るメレンゲ。プティフールをはじめ、ケーキにも使用する。

## Q18

打ち粉に強力粉を使う理由は？

　生地をのばすときなど、台に生地がくっつかず作業性をあげるために打ち粉をする。この打ち粉は、強力粉を使うのが一般的である。強力粉は、ダマにならず分散しやすい、という理由が大きいようである。小麦粉を握って手を開くとよく分かるが、薄力粉はくっついてダマになりやすいのに比べ、強力粉の場合は粒子が粗くくっつかないのである。

　ただし、必ず強力粉を使わなければいけないというわけではなく、ひと昔前は薄力粉を使うことも少なくなかった。

## Q19

製菓に適した砂糖は？

　一概に、どの砂糖がいいとは言えないが、製菓の場合、たいていはグラニュー糖を用いる。一般に売られているグラニュー糖は、粒子が大きいものであるが、粒子が小さい微細粒グラニュー糖もあり、これが製菓に適している。

　ただし、どういう菓子をどう作りたいかによって、砂糖の選び方は、当然変わってくるもの。たとえば、パート・シュクレでは粉糖を使うこともある。それは、バターに砂糖をすり合わせるときに、バターに水分が少ないため、グラニュー糖だと溶けにくいからである。粉糖は、仕上げにふりかけても使う。ほかに、風味を加える目的でカソナードを使ったり、発酵生地では上白糖を使用したりもする。

## Q20

発酵バターを使うと、
どうして風味がよくなるのか？

　バターは、加熱するとえもいわれぬ芳しい香りが出て、菓子に風味を与える。特に、発酵バターの場合は、乳酸菌の力で発酵させてバターを作るので、無発酵バターにはない、ひときわ優れた香りと旨みがある。乳酸発酵により、糖質から乳酸ができてさわやかな酸味が生まれたり、タンパク質の分解によってできるアミノ酸が旨味になったり、糖質やクエン酸から独特の香りが生まれたりし、これが風味となる。そのため、バターを生かす菓子に発酵バターを使うと、いっそう風味が増し、印象的な仕上がりになるのである。

**金子美明**（かねこ・よしあき）
1964年千葉県生まれ。99年渡仏し、現地でも研鑽を積む。2003年、東京・自由が丘に「パティスリー パリ・セヴェイユ」をオープン。

**藤生義治**（ふじう・よしはる）
1947年東京都生まれ。93年、東京・高幡不動に「パティスリー ドゥ シェフ フジウ」をオープン。講習会などで技術の伝承にも力を注ぐ。

**鯰澤信次**（えびさわ・しんじ）
1958年東京都生まれ。93年、国立市に「レ・アントルメ国立」を独立開業。現在、卒業生や後輩がエスプリを継承しつつ、地域一番店を目指す。

**森本 慎**（もりもと・しん）
1975年東京都生まれ。2005年4月、東京・保谷に「パティスリー アルカション」をオープン。2010年9月、駅を隔てた現在の地に移転。

**菅又亮輔**（すがまた・りょうすけ）
1976年新潟県佐渡島生まれ。フランス各地で計3年修業。2015年10月、東京・用賀に「リョウラ」をオーナーパティシエとしてオープン。

取材・文————羽根則子
写真————隼田大輔
ブックデザイン——米谷知恵

生地の扱い・製法、それぞれの考え方
# プロのための製菓技法
# 生地　増補改訂版

2021年3月18日　発行　　　　　　　　　　NDC596

著　者　金子美明、藤生義治、鯰澤信次、森本 慎、菅又亮輔
発行者　小川雄一
発行所　株式会社 誠文堂新光社
　　　　〒113-0033 東京都文京区本郷 3-3-11
　　　　［編集］電話 03-5800-3621
　　　　［販売］電話 03-5800-5780
　　　　https://www.seibundo-shinkosha.net/
印刷・製本　図書印刷 株式会社